초판발행 2015년 5월 1일
초판 4쇄 2019년 1월 11일

지은이 조재형
펴낸이 채종준
기 획 조현수
편 집 백혜림
디자인 조은아
마케팅 황영주

펴낸곳 한국학술정보(주)
주 소 경기도 파주시 회동길 230 (문발동)
전 화 031 908 3181(대표)
팩 스 031 908 3189
홈페이지 http://ebook.kstudy.com
E-mail 출판사업부 publish@kstudy.com
등 록 제일산-115호 2000. 6. 19

ISBN 978-89-268-6819-5 93320

최고의 선택을 이끄는 '행동경제학'

코끼리 움직이기

조재형 지음

이담
Books

prologue

인간은 실제로 어떻게 선택하고 행동하는가?

네덜란드 암스테르담 스키폴 국제공항, 그곳의 남자화장실에는 특별한 무언가가 있다. 여자화장실에서는 찾아볼 수 없지만, 남자화장실의 소변기에 다가선 남자들은 볼일을 보기 전, 조그만 파리 한 마리를 쉽게 발견하게 된다. 그리고 조준 사격! 남자들은 열심히 파리 녀석을 떨어뜨리기 위해 사냥 본능을 발휘한다. 하지만 파리는 절대 도망가지 않는다. 과연 도망가지도 떨어지지도 않는 이 파리의 정체는 무엇일까? 그렇다. 파리 스티커다.

요즘 국내에서도 이런 파리 스티커가 붙어 있는 소변기를 가끔 발견할 수 있다. 파리 스티커가 나오기 전에 흔히 남자화장실 소변기 앞에는 이런 문구들을 쉽게 찾아볼 수 있었다. "남자가 흘리지 말아야 할 것은 눈물만이 아닙니다", "한 걸음만 다가오세요" 등. 그렇지만 대부분의 남자들은 이러한 문구를 쳐다보기만 할 뿐 실제로 소변기 앞으로 잘 다가서지 않는다. 그냥 입으로만 중얼거리면서 이런 생각을 한다. '그렇지, 남자는 딱 세 번만 눈물을 흘려야 해. 태어나서 한 번, 부모님이 돌아가셨을 때 한 번, 그리고 또 한 번은 언제지?……' 이 같은 생각을 하면서 볼일을 마친다. 오히려 문구를 보면서 잡생각을 하느라 정착 중요한 조준사격(?)은 실패하고, 잔뇨만 더 분산될 뿐이다. 이것이 국내만의 문제는 아닌 모양이다. 그래서 네덜란드에서는 이러한 남자들의 부주의 문제를 파리 스티커 아이디어로 개선하려고 했고, 실제로 바닥에 흘리는 잔뇨의 양이 약 70% 정도 줄었다고 한다. 물론 이것도 너무 자주 노출되어 남성들의 사냥 본능을 자극할 수 없다면 부주의가 또 발생할 가능성이 클 것이다.

다른 케이스를 하나 더 살펴보자. 90년대 스위스의 한 조그만 마을에 핵폐기물 매립지 설립 계획이 수립되었다. 정부 조사단은 마을 주민들을 설득하는 과정에서 본 시설물의 중요성과 안전성을 강조하면서 그들의 애국심에 호소하였다. 그 결과 이어진 찬반 투표에서 51%가 찬성, 49%가 반대를 하였다. 예상보다 높은 찬성률에 고무된 정부 조사단은 찬성률을 더 높이기 위해 가정마다 매년 2,000달러 정도의 보상금을 제시하게 되는데, 이는 의외의 결과를 가져왔다. 오히려 마을 주민들의 찬성이 24.6%로 떨어져 버린 것이다. 도대체 이 마을에는 어떤 변화가 있었던 걸까? 그동안 위험 시설물에 대한 주민 인식과 불안감이 확산된 것일 수도 있지만, 본 원인을 인간의 이기적 보상심리에서 찾으려는 연구결과가 주목받았다.

　흔히 인간의 사고와 의사결정은 두 가지로 분류된다. 하나는 자동시스템이고 또 하나는 숙고시스템이다. 자동시스템은 감성과 감정으로 무의식의 단계다. 배가 고프거나 화장실에 가고 싶거나 날아오는 공을 잡거나 하품을 하는 행위 등이다. 우리는 이러한 행동을 사전에 인지하거나 계획을 세우지는 않는다. 본능적인 행위다. 반면에 숙고시스템은 이성적 단계로, 자료를 분석하거나 여행 계획을 세우거나 돈 계산을 하는 등의 행위다. 첫 번째 케이스로 살펴본 파리 스티커 문제는 남성들이 무의식적으로 소변을 보는 행위(자동시스템)를 의식적 단계(숙고시스템)로 변화시킨 것이다.

　그럼, 두 번째 케이스인 스위스 핵폐기물 문제를 적용해 보자. 첫 번째 주민투표에서는 순수한 애국심(또는 자부심 등)이 발휘되었다고 볼 수 있다. 그런데 두 번째 주민투표 때 제시된 보상금은 주민의 순수한 마음을 사라지게 만들고, 돈을 생각에 투입시킨다. 돈만큼 행복한 또는 불행한 생각이 있을까? 우리는 로또 당첨이 되면 어디에 어떻게 쓸지 상상하면서 행복해하지 않는가! 그렇지만 현실에서는 늘 돈 때문에 머리가 복잡해진다. 카드값 갚을 생각에 한숨부터 나온다.

　주민들에게 인식된 보상금이 머리를 복잡하게 만들었다. 바로 숙고시스템이 제대로 작동하는 것이다. "고작 그 정도 보상금으로 되겠어? 우리 집은 폐기물 장소와 더 가깝다고. 그럼 우린 보상금을 더 많이 받아야 하는 거 아냐? 왜 다른 사람과 똑같이 받아야 하지? 불공평해." 이런 생각들로 복잡한데, 애국심이 어디 끼어들겠는가?

이렇게 인간의 사고를 형성하고 있는 자동시스템과 숙고시스템은 양분되어 있으면서도 서로 자연스럽게 이동하고 흘러간다. 인간이 전략적 사고를 하기 위해서는 숙고시스템이 필요하지만, 자동시스템이 꼭 필요할 때도 많다. 날아오는 공을 본능적으로 피해야지라고 생각한 후에 피한다면 오히려 공에 맞게 된다. 자동차 운전을 처음 배울 때는 이런저런 생각(숙고)에 매우 조심스럽다. 그러다가 운전에 익숙해지면 별생각 없이 운전(자동)을 하게 된다. 즉, 훈련을 통해 숙고시스템이 자동시스템으로 전환된 것이다.

본서는 이러한 인간의 사고와 의사결정에 대해 다루고 있다. 왜 사람들은 어처구니없는 실수를 반복하는 것일까? 그리고 이들을 어떻게 설득하여 행동하게 만들까? 이런 고민들과 해결책에 관한 책이다.

부디 엉뚱하고 재미난 여행이 되기를 바란다!

2015년
조재형

••
Contents

prologue • 4

무엇이 당신을 행동하게 하는가?

1. 애플은 시장조사 따위는 하지 않는다 ················· 13

2. 매뉴얼이 아닌 선택권을 주라 ··················· 19

3. 겉만 번지르르한 최저가격보상제 ················· 28

4. 무임승차를 하지 맙시다 ····················· 34

5. 싸다고 무조건 좋은 것은 아니다? ················ 41

6. 당장 사세요, 기회는 지금뿐이에요! ·············· 47

7. 오! 뷰티풀 마인드 ························ 54

8. 도와줘요! 슈퍼히어로 ····················· 61

9. 왜 인간은 권위 앞에 복종하는가? ··············· 70

10. 수천억 재산가의 달콤한 제안 ················· 79

11. 공정성 vs. 경제민주화 ···················· 84

12. 선거인가, 로또 추첨인가? ·················· 91

13. 똑똑한 당근, 클린 법안 게임 ················· 96

14. 멀리 가려면 함께 가라 ···················· 105

왜 당신은 흔들리는가?

1. 코끼리 움직이기 ·· 114

2. 살, 빼고 싶은가?! ·· 119

3. 자신이 보는 나, 타인이 보는 나 ······································· 123

4. 면접으로 사람의 능력을 파악할 수 없다? ························ 129

5. 자신 있게 포기하라 ··· 139

6. 아는 것이 병이다? ··· 145

7. 여기에 집중해 주세요! ·· 150

8. 계단은 어디 있나요? ·· 155

9. 내겐 너무 가벼운 그녀 ·· 160

10. 가위바위보 게임 전략 ·· 166

11. 다음 중 어느 게임에 참가하시겠습니까? ······················ 174

12. 당신은 지금 배가 고픈가요? ·· 180

epilogue • 185
감사의 글 • 188
참고문헌 • 189

"

무엇이 당신을
행동하게 하는가?

"

애플은 시장조사 따위는
하지 않는다

왼쪽부터 애플사의 아이폰, 허먼밀러사의 에어론 의자(시트와 등받이가 그물망으로 되어 있어 의자의 뼈대가 훤히 보임), 다이슨사의 에어 멀티 플라이어(일명, 날개 없는 선풍기로 알려져 있음)

위 제품에는 공통적인 특징이 있다. 소비자들이 이 제품들을 보았을 때
"와우"라는 감탄사를 보냈다는 것이다. 그만큼 혁신적인 제품으로 평가
받고 있으며, 시장에서도 큰 성공을 거두었다. 또 다른 특징은 소비자 조

사를 하지 않았다는 점이다. 우리는 일반적으로 기업이 새로운 제품을 개발하기 전 반드시 소비자의 요구사항이 무엇인지, 어떤 점이 개선되기 원하는지를 조사하는 것으로 알고 있다. 그러나 이 같은 혁신제품을 선보인 기업의 CEO들은 다른 생각을 가지고 있는 것 같다. "왜 소비자 조사를 하지 않느냐"는 기자의 질문에 스티브 잡스(Steve Jobs)는 "에디슨이 전구를 발명할 때, 소비자 조사를 하였는가?"로 반문하였다. 허먼밀러사의 CEO인 브라이언 워커(Brian Walker) 회장은 한 인터뷰에서 "소비자 조사의 문제점은 소비자는 자신들이 이미 알고 있는 것만을 대답한다는 것"이라고 말했다. 결국 혁신적이고 시장을 주도하고 있는 제품을 개발하기 위해서는 이미 경쟁사가 답습하고 있는 제품의 한계를 벗어나야 한다는 것이다.

　그러나 혁신 기업들이 소비자 조사를 하지 않는다고 하지만, 꼭 수행하는 과정이 있다. 바로 '관찰'이다. 애플사는 최우선으로 소비자의 경험을 제품에 담는 데 노력하고 있다. 2007년 스티브 잡스가 아이폰을 처음으로 선보일 때, 기존 제품의 스타일러스 펜 사용과 너무나 많은 버튼이 과연 누구를 위한 것인가를 이야기하였다. 여기서 개발자의 관점이 아닌 사용자 관점에서 제품을 봐야 한다는 철학을 엿볼 수 있다. 에어론 의자 또한 관찰을 통해 사람들의 '앉는 아픔'에 주목하였다. 의자에 앉은 사람들이 자주 자세를 고쳐 앉는 모습을 관찰하였는데, 이는 기존 의자가 열을 너무 많이 흡수하기 때문이었다. 관찰 결과, 앉았을 때 발생하는 열을 방출 시키는 그물망 의자인 에어론이 탄생하였다. 날개 없는 선풍기도 어린이들이 선풍기 날개 때문에 손을 다치는 위험으로 인해 늘 주의를 기울이는 부모들을 관찰한 결과물이었다. 또한 날개 청소를 하는 주부들의 불편함에 주목하였기에 날개 없는 선풍기라는 혁신제품이 탄생한 것이다.

관찰의 힘을 강조한 얀 칩체이스(Jan Chipchase)는 그의 저서 『Hidden in Plain Sight』(한국어판 제목: 관찰의 힘)에서 혁신의 발화점은 주변의 평범한 것에 있으며, 현지의 일상을 관찰해 생생하고 유용한 정보를 얻을 수 있는 노하우를 전달하고 있다. 예를 들어, 호텔 대신 현지인 숙소에서 묵기, 새벽에 일어나 현지인과 함께 출근 경험하기, 현지 이발소를 방문하여 소소한 이야기 듣기, 맥도날드 매장을 방문한 후 그곳 메뉴 살펴보기, 현지 표지판 자세히 들여다보기 등 사소한 것에서 진정한 현실을 찾아내어 그 저변을 파헤치는 것이 중요하다고 말한다. 특히 본질을 찾는 2가지의 방법을 소개하였는데, 바로 일반적인 기능들의 1/3이나 절반 정도의 예산밖에 없을 때 어떤 기능을 넣을 것인지를 테스트하는 것과 자신이 지구를 처음 방문한 외계인이라고 상상해보는 것이다. 외계인의 관점에서 이루어지는 특정 행위 또는 물품이 어떻게 비춰질지를 생각해 보는 것이다. 이러한 과정을 통해 그 제품 또는 서비스의 진짜 핵심은 무엇이며, 껍질은 무엇인지를 파악하도록 한다.

그런데 정해진 시간에 집중적으로 무엇을 관찰해야 할까? 『스위치(Switch)』의 저자, 칩 히스(Chip Heath)와 댄 히스(Dan Heath) 형제는 관찰을 통해 '밝은 점 찾기(bright spot)'를 주문하였다. 해결하기 어렵고, 불가능해 보이는 상황에서도 잘되고 있는 것을 찾아보라는 것이다. 예를 들어, 모두 불황이고 똑같은 메뉴를 팔지만 번호표를 뽑아서 기다려야만 입장할 수 있는 식당이 꼭 있다. 회사의 전체 실적이 좋지 않은 상황에서도 유독 좋은 실적을 보이는 영업사원이 꼭 있다. 즉, 일이 잘 풀리지 않을 때 문제점(problem)에 대한 개선사항이나 해결책을 찾는 데에만 집중하지 말고 잘되고 잘하는 밝은 점을 찾아 성공요인들을 관찰해 보라는 것이다. 이때 주의할 점은 숫자나 화려한 통계, 그래프를 통해 분석하는 것이 아니라 사실에 근거한 관찰이 중요하다는 것이다. 성공요인은 미묘한 차이점에서 시작된다. 지금까지 대박 난 김밥천국 프랜차이즈는

'관찰'을 통한 혁신 이끌기

들어본 적이 없다. 김밥천국은 음식의 맛으로 승부를 거는 음식점이 아니다. 서비스로 승부를 걸어야 한다. 그렇다면 업종에 상관없이 서비스로 성공한 곳을 찾아서 관찰하고 경험해야 한다. 성공한 곳의 주인장과 종업원의 얼굴을 살펴보라. 그리고 그들의 행동을 유심히 지켜보라. 손님을 대하는 태도가 다르다. 세심한 배려가 돋보이는 점을 찾을 수 있다. 대박 난 음식점은 보통 1~2가지의 특색 있는 재료를 이용하여 음식을 만든다. 바로 맛으로 승부를 걸어야 한다. 줄 서서 기다려야 먹을 수 있는 음식점은 이러한 불편함을 소비자가 감수한다. 합리적인 가격에 괜찮은 맛으로 승부를 하든지, 특별한 레시피를 보유하고 있든지 아니면 신선한 재료를 사용하고 있을 것이다.

듣거나 보아서 알 수 있는 것과 경험을 통해 아는 것은 다르다. 관찰은 보고, 듣고, 경험을 통해서 느끼는 것이다. 우리나라의 2011년 교통사고 사망자는 2,044명으로 조사되었다. 이 중 무단횡단 사망자는 553명으로 전체 사망자 중 27%를 차지하고 있다. 이를 연령대별로 살펴보면 65세 이상이 43.2%로 가장 많으며, 50세 이상의 고령자 피해사례가 61.6%로 절반이 넘는다. 왜 고령층의 교통사망자가 많을까? 대한노인회 서울특별시연합회가 운영하는 노인생애체험센터를 찾아가 직접 경험해 보면 그 이유를 알 수 있다. 본 센터를 방문하면 녹내장 안경을 쓰고 모래주머니를 차고 2시간 동안 노인체험을 하게 된다. 직접 노인이 되어 체험해 보면 할머니, 할아버지께서 왜 물 한 모금 마시는 것도, 왜 한 번 앉았다 일어서는 것도 힘들어하셨는지 이해할 수 있다. 그리고 왜 앞이 보이지 않는다 하셨는지, 왜 계단에서 긴 한숨을 쉬셨는지를 느낄 수 있다. 이러한 경험과 관찰을 했다면 왜 고령층의 교통사고 사망률이 높을 수밖에 없는지 자연스럽게 이해할 수 있지 않을까?

매뉴얼이 아닌
선택권을 주라

아시아 지역의 엄마들은 자녀들에게 음료수를 줄 때, "오늘은 오렌지 주스를 마시자"고 한다. 똑같은 상황에서 서양의 엄마들은 자녀들에게 "오렌지 주스와 사과 주스 중 어느 것을 마실래?"라고 물어본다고 한다. 물론 그렇지 않은 엄마들도 있겠지만, 이는 아시아 지역의 엄마들보다 서양의 엄마들이 자녀에게 더 많은 선택권을 주고 있음을 단편적으로 알려준다. 이 책을 읽고 있는 여러분은 자신이 어느 쪽인지 한 번 생각해볼일이다. 어느 쪽이 더 좋다는 것은 아니다. 그러나 분명한 것은 선택권이주어지느냐 아니냐에 따라 그것을 받아들이는 사람의 태도가 달라진다는 것이다.

여러분은 크리스피크림 도넛을 먹어본 적이 있는가? 매우 단 도넛으로 기억하고 있을 것이다. 우리나라에서도 이 도넛이 한때 매우 잘 팔린 적이 있다. 물론 지금도 많은 사람들이 좋아하지만, 솔직히 예전만 못하다. 이 도넛이 미국에 등장할 때만 하더라도 개설된 체인점이 많지 않아 구입하기가 그리 쉽지 않았다. 그러나 너무나도 스위트한 맛과 합리적인 가격으로 인해 점차 찾는 사람이 많아졌고, 매출도 증가하였다. 더 많은 판매를 예상한 회사는 체인점을 늘리고자 했다. 그러나 짧은 시간에 체인점을 확보하기가 쉽지가 않았고, 이를 해결하기 위해 편의점에서도 도넛을 판매하기 시작했다. 이제 먹고 싶을 때는 언제 어디서나 이 도넛을 먹을 수 있게 된 것이다. 그러나 이게 웬걸? 오히려 사람들은 크리스피크림 도넛을 언제 어디서나 먹을 수 있는 식상한 도넛으로 인식하게 되었다. 이로 인해 도넛의 판매율이 점차 감소하더니 재고가 증가하기 시작했다. 결국 회사는 편의점 판매대에서 철수했다. 이것은 우리에게 무엇을 시사하고 있을까? 오히려 더 쉬운 선택권으로 인해 소비자는 너무 단 도넛에 쉽게 질려버린 것이다. 이전까지만 하더라도 이 단 도넛을 자주 먹을 수 없기에 도넛이 더 먹고 싶었던 것이다.

이번에는 반대의 사례를 살펴보자. 미국의 대표적인 햄버거 체인점인 인앤아웃 버거(In-N-Out Burger)다. 맥도날드가 패스트푸드를 지향하고 있다면, 인앤아웃 버거는 신선한 맛을 제공하는 데 초점을 맞추고 있다. 그런데 재미난 것은 1948년 1호점 개점 이래 현재까지도 미국 서부

4개 주에는 체인점이 300개가 채 되지 않는다. 이 햄버거 체인점은 직영 배급소 반경 800km 내에만 매장 오픈을 허락하고 있다. 재료의 신선도를 유지하기 위한 정책이다. 맥도날드가 전 세계적으로 3만 개 이상의 매장을 가지고 있는 것과 비교해볼 때 1/100밖에 되지 않는다. 이렇게 적은 매장임에도 불구하고 사람들은 이 버거의 맛을 보기 위해 자동차로 몇 시간을 달려가는 수고를 아끼지 않는다. 오죽했으면 미국의 할리우드 스타이자 힐튼 호텔의 상속녀인 패리스 힐튼이 음주운전을 하면서까지 사 먹으러 갔을까? 본 사례는 맛과 서비스라는 차별화와 선택권의 폭을 스스로 제한함으로써 경쟁력을 높인 사례라 볼 수 있다.

그렇다면 이번에는 선택권을 통해 세계적 기업으로 성장한 사례를 살펴보자. 선택권을 소비자에게 이양함으로써 성공한 사례로 DIY(Do it yourself)의 절정, 이케아(IKEA)와 레고(Lego)를 들 수 있다. 먼저 이케아부터 살펴보자. 하버드 경영대학원의 신시아 몽고메리(Cynthia A. Montgomery)가 쓴 『당신은 전략가입니까?』의 책을 보게 되면 이케아의 성공 스토리가 매우 자세히 소개되어 있다.

"이케아 세상은 현대적인 디자인과 저렴한 가격, 익살스러운 홍보활동, 어떤 조직이나 기업도 발휘할 수 없는 열정을 중심으로 돌아가는 나라다"라고 책에선 말하고 있다. 이케아의 창업자인 잉그바르 캄프라드(Ingvar Kamprad)는 80세의 나이에도 불구하고 스스로 할 일이 많아 죽을 시간도 없다고 이야기한다. 세계에서 몇 손가락 안에 드는 부자이면

이케아, 우리가 불편함을 소비하는 이유

서도 자린고비로 유명한 그는 1953년 오래된 2층 건물에 상품전시장을 열어 1층에는 가구를 전시했고, 2층에서는 커피와 빵을 무료로 제공했다. 이케아는 대체로 돈이 없는 다수의 사람들에게 의지하기 때문에 그저 싸거나 조금 더 싼 게 아니라 아주 많이 싼 제품을 팔아야 했다. 비용을 줄이기 위해 이케아는 모든 가구를 DIY 조립품으로 만들었다. 우리나라에서는 일반적으로 가구를 구입할 때 완제품을 구입한다. 그러나 이케아는 전시장에서 자신이 원하는 가구를 선택하면 제품의 조립품이 들어가 있는 플랫팩(이케아만의 포장법)을 들고 가야 한다. 그리고 집으로 돌아온 뒤 포장지를 뜯고 설명서에 따라 직접 조립을 해야 한다. 설명서에 따라 조립하면 되지만 어찌 보면 여간 귀찮은 일이 아니다. 그렇지만 힘들게 조립한 고객은 가구를 보면서 스스로를 자랑스러워한다. 마치 자신이 직접 제작한 가구로 착각하며 그러기에 더 많은 애착을 가지는 것이다. 이케아 가구는 합리적인 가격을 최우선으로 하기 때문에 고급 가구는 절대 아니다. 오히려 가구를 패션으로 보도록 만들었다. '스스로 해결하세요(Do it yourself)'를 통해 선택권을 소비자에게 주었고, 세계 최고의 가구회사가 되었다.

선택권이 주는 즐거움

다음으로 레고를 살펴보자. 레고는 전 세계의 어린이들이 가장 즐겨 하는 장난감 중 하나다. 그러나 90년대 초 비디오게임의 등장으로 레고는 어려움을 겪게 된다. 이에 레고는 비디오게임과 같이 조립하지 않거나 너무나 간단한 장난감을 개발하였지만 결과는 참담했다. 레고는 다시 전 세계 가정에 조사팀을 파견하여 아이들을 직접 관찰하고, 심층 인터뷰를 실시하였다. 조사 결과 레고는 놀라운 사실을 알게 되는데 오히려 아이들은 스스로 어려운 일을 해냈다는 사실에 더 큰 성취감을 느낀다는 것이다. 이를 바탕으로 레고는 더 어려운 모형을 제작하였고, 지금까지 전 세계 어린이들의 사랑을 받고 있다. 또한 레고를 어린이들만 하는 것은 아니다. 어른들도 참 즐겨 한다. 유년 시절 레고를 가지고 놀았던 기억도 있겠지만, 레고의 마인드 스톰의 경우, 레고를 통해 인공지능 로봇을 만들 수 있게 한 것이다. 그리고 한 가지만의 로봇을 만들 수 있는 것이 아니기 때문에 어른 소비자들은 자신의 아이디어에 따라 매우 다양한 로봇을 만들어낼 수 있다(물론 어린이들의 상상력으로 만든 레고를 볼 때 부모들은 더 흐뭇해한다). 소비자는 각자의 제작 경험과 노하우를 공유하기 시작했고, 다양한 커뮤니티를 통해 더 다양한 로봇이 제작되었다. 이처럼 레고는 다양한 제품의 제작 선택권을 소비자에게 주었고, 이에 소비자는 더 많은 즐거움을 얻을 수 있었다.

이번에는 자포스(Zappos)라는 미국 신발 전문 쇼핑몰을 살펴보자. 이 기업은 1999년에 출발하여 10년 만에 매출 10억 달러 회사로 성장하였고, 최근 아마존에 12억 달러라는 고가로 인수되어 세상을 놀라게 했다. 또한『포춘(Fortune)』지가 선정한 가장 일하기 좋은 100대 기업 중 23위를 차지하였으며, 직원의 행복을 최우선으로 삼고 있다. 자포스의 CEO인 토니 셰이(Tony Hsieh)는 말한다. "직원을 춤추게 하면, 고객도 춤을 춘다." 자포스는 미국 내에서도 '서비스의 극단이 무엇인지를 보여주는 회사'로 정평이 나 있다. 예를 들어, 고객이 피자가게 전화번호를 물어봐도 친절히 검색하여 알려준다. 7시간 28분 동안 고객 한 사람과 통화한 직원은 우수사원으로 칭찬을 받고, 사무실에 우수사원 사진으로 걸렸다. CEO는 이 사원을 두고 이렇게 말했다. "뭐 때문에 그렇게 오래 통화를 했는지는 모르겠지만, 고객을 위해 최선을 다한 좋은 직원이죠." 매일 소비자로부터 우편으로 배달되는 감사의 편지만도 200장에 이른다. 그 감사의 편지 중 한 통의 내용이다. "어제 저녁 8시에 주문했는데, 오늘 오전 11시에 현관에 신발이 놓여 있지 뭐예요. 어떻게 이런 마법 같은 일이 가능한 거죠? 자포스가 항공사를 차렸으면 좋겠어요." 이런 자포스에는 그들만의 유별난 입사정책이 있다.

『당근과 채찍』의 저자 이언 에어즈(Ian Ayres)는 이를 이렇게 설명하고 있다. "자포스는 신입사원들에게 입사교육 첫 주가 끝나면 아무 조건없이 지금까지의 급여에 2,000달러를 더한 금액을 주겠다고 제안한다. 그만두는 조건으로 말이다. 지금 그만두면 먹을 수 있는 당근을 준다. 신입사원들은 2,000달러를 거부함으로써 막 직업전선에 뛰어든 자기 자신에게 직장이 소중하다는 신호를 보낸다." 자포스는 신입사원들에게 입사교육이 끝난 후, 다음과 같이 이야기한다고 한다. "회사는 여러분이 자포스 문화에 맞을 것 같아 채용했는데, 정작 여러분이 이곳 일이 마음에 들지 않는다면 자포스는 여러분이 성장할 수 있는 최선의 직장이 아닐 겁니다. 취직이 되었으니 그냥 회사를 다닌다, 돈을 벌 수 있으니 어쩔 수 없이 다닌다, 이런 것을 저희는 결코 원하지 않습니다. 그래서 이런 제안을 하는 것입니다." 현재 이 금액은 4,000달러까지 상승하였다. 이런 제안을 들은 신입사원들은 다시 한 번 생각한다. '나는 정녕 자포스의 문화를 즐길 수 있는가? 고객의 황당한 요구를 기꺼이 받아들일 수 있는가? 이 별난 근무환경을 견딜 수 있을까?'

지금까지 자포스에서 제안한 금액을 받고 회사를 그만둔 직원은 전체의 2%에 지나지 않는다고 한다. 『자신 있게 결정하라(Decisive)』의 저자 칩 히스와 댄 히스는 이러한 자포스 입사정책을 '백신효과'라고 말했다. 신입사원 교육에서 회사의 나쁜 점을 미리 알려준다면 어떻게 될까? 회사에 대해 잔뜩 기대를 가지고 들어온 신입사원에게 입사 전에 '직장생활의 현실을 살짝 맛보게' 하는 것은 훗날 어려움과 실망에 대한 예방 차원의 백신이 될 수 있다는 것이다. 자포스의 이러한 입사정책은 회사 간부에게 잘 보이기 위한 말과 행동을 생각하기보다 자기 자신에게 다시 한 번 묻게 한다. "나는 정말 이 회사에서 일하고 싶은가?" 즉, 회사에 들어가기 위한 마지막 선택권이 자신에게 주어진다. "이 회사는 내가 선택한 거야. 그러니까 후회 없어."

마지막으로 일본 최고 아이돌 그룹이라고 불리는 'AKB48'의 마케팅 사례를 살펴보자. 이 일본 아이돌 그룹은 2005년도에 결성되어 현재까지 총 2,185만 2천 장의 싱글앨범이 판매되어 일본 여성 아티스트 중 역대 최다기록을 보유하고 있다. 10년간 폭발적인 인기를 유지하고 있는 비결은 '만날 수 있고, 선택할 수 있는 아이돌'이라는 콘셉트다. 이 아이돌 그룹은 전용극장을 통해 거의 매일 공연을 함으로써, 기존의 팬들이 아이돌을 대중 매체를 통해서만 만날 수 있었던 것과 차별성을 두었다. 또한 이 그룹은 멤버들을 대상으로 인기 팬투표를 실시한다. 팬들의 투표를 통해 싱글 곡의 주연을 누가 노래할지를 결정하는 것이다. 이를

'총선거'라고 부르는데, 총선거의 투표과정과 결과는 생중계되고 있으며, 시청률은 20%로 동 시간대 1위를 차지하고 있다. 총선거의 투표수는 264만 6,800여 표에 달해 도지사의 선거 투표수와 맞먹는 규모를 자랑하고 있다. 투표권은 싱글앨범 CD를 한 장 사면 얻을 수 있으며, 많이 살수록 더 많은 투표권을 얻을 수 있다. 이러한 특별한 마케팅의 핵심은 팬들에게 선택의 즐거움을 준다는 것이다. 많은 멤버 중 자신이 좋아하는 가수를 주연으로 뽑을 수 있다는 선택권을 줌으로써 멀게만 느껴졌던 아이돌 그룹과 팬 간의 소통을 증대시키고 연대감을 형성한다. 그러므로 그룹의 멤버들은 자신의 개성과 실력을 어필하고자 더욱 노력하게 된다. AKB48은 정규 멤버 수가 60여 명 정도이며, SKE48, NMB48, HKT48과 같은 2군 계열 그룹까지 모두 합하면 멤버 수는 200명가량이 된다. 즉, 메이저리그(1군)와 마이너리그(2군)로 구분되어 있는 셈이다. 그중 AKB48의 싱글앨범에 참가하는 것은 20명 남짓의 정예 멤버들이다. 이러한 선발 멤버 결정은 팬들의 총선거를 통해 결정된다. 이 과정에서 연습생 신화가 만들어진다. 팬들은 이를 통해 대리만족을 느끼게 되는 것이다.

적절한 선택권의 부여는 여러 분야에서 성공신화를 낳고 있다. 선택권 부여의 핵심은 즐거움과 책임감을 줄 수 있느냐다.

겉만 번지르르한
최저가격보상제

혹시 '21게임'을 아는가? 어렸을 때 많이 해봤던 게임 중 하나다. 게임의 규칙은 간단하다. 일대일 게임으로 숫자 1부터 시작하여 한 사람이 최대 세 개까지 숫자를 높여 부를 수 있다. 예를 들어 내가 1, 2, 3(1만 부르거나 1, 2를 부를 수도 있다)을 부르면 상대방은 내가 부른 숫자를 이어서 4 또는 4, 5 또는 4, 5, 6을 말한다. 그리고 최종적으로 21을 먼저 말하는 사람이 지는 게임이다. 이 21게임을 수업시간에 학생들과 대결하곤 하는데 할 때마다 100% 승리를 확신한다. 왜냐하면 21게임에서 승리하는 비법이 있기 때문이다.

지금부터 그 비법을 살펴보자. 21게임에서 승리하기 위해서는 역방

향 추론을 해야 한다. 다시 말해, 1부터 생각하는 것이 아니라 21의 결론부터 시작한다. 상대방이 최종적으로 21을 선택하게 하려면 반드시 17을 상대방에게 주어야 한다. 상대방이 17을 부르면 내가 18, 19, 20을 외친다. 그럼 상대방이 21을 부를 수밖에 없다. 다시 17을 상대방이 부르게 하려면 13을 주어야 하고, 이를 위해 다시 9, 마지막으로 5를 주면 된다. 그런데 5를 주기 위해서는 우선적으로 상대방이 먼저 21게임을 시작하도록 양보해 주는 척하면 무조건 이긴다. 정리해 보면, 이런 상황이 된다. "우리 21게임 할까요? 제가 양보하죠. 먼저 시작하세요." 그럼 상대방은 이것이 자기를 위한 배려라고 생각한다. "그럼, 제가 먼저 시작하겠습니다. 음…… 1." (일반적으로 조심스럽게 시작한다) 이때부터 이 21게임은 나의 승리가 확실해졌다. "오, 그래. 그럼 나는 2, 3, 4." 상대방은 5부터 시작하여 9, 13, 17을 순차적으로 선택하면서 결국에는 21을 외친다. 나의 승리다.

이렇게 21게임과 같이 상대방이 나를 배려해 주는 척하면서 접근하는 경우가 있다. "야, 사실 이거…… 아무한테도 이야기하지 않은 건데. 이거 완전 대박이야", "아무나 이런 기회를 잡으실 수 있는 건 아닙니다. 특별히 당신만을 위해서……." 대부분 이런 제안에는 분명 숨은 의도가 있다. 특히 귀가 솔깃해지는 정보나 제안에는 불순한 의도가 숨어 있을 가능성이 높다. 물론 신뢰할 수 있는 사람 또는 조직의 일급비밀이거나 정말 좋은 투자 정보일 수도 있겠지만 늘 조심히 따져봐야 한다. '이 사람은 나에게 이런 정보를 주고 무엇을 얻는 거지? 그렇게 좋으면 자기가 왜 안 하지? 상식적으로 이런 수익이 정말 가능해?'라고.

2012년도에 우리나라 대형 유통업체들은 최저가격보상제를 전면 폐지하였다(그리고 최근에 다시 부활하였다). 최저가격보상제는 미국에서 가격할인경쟁이 벌어지면서 처음으로 월마트가 도입한 것으로, 판매한 상품의 가격이 경쟁업체보다 비싸면 그 차액만큼 소비자에게 돌려주는 제도다. 국내에서도 도입된 본 제도는 최저가격 2배 보상제였고, 생필품과 생활용품에 주로 적용되었다. 본 제도는 대형 유통업체 간의 가격경쟁을 유도하여 물가안정과 소비자에게 혜택을 주는 제도로 인식되었다. 그런데 정말 그랬을까?

　이 보상제도의 숨겨진 의도에 대해 미국에서는 일종의 가격담합행위로 볼 수 있음을 밝혔다. 왜 그럴까? 한 번 생각해 보자. 예를 들어, A마트에서 특정 제품가격을 1,100원으로 책정하였다. 그런데 B마트에서 동일한 제품을 900원에 팔고 있다. 최저가격보상제에 따르면 A마트는 B마트와의 차액인 400원(200원×2배)을 소비자에게 보상해야 한다. 그럼 소비자 입장에서는 400원을 보상받게 되므로 결국 700원에 제품을 사게 되는 것이다. 만약 여러분이 소비자라면 A마트에서 구입하겠는가, 아니면 B마트에서 구입하겠는가? 물론 200원 차이 때문에 B마트를 가지는 않겠지만 가격이 훨씬 비싼 고가의 제품이라면 이야기가 달라질 것이다. 그런데 가격이 아무리 비싼 제품이라고 할지라도 소비자는 더 저렴한 마트로 가지 않는다. 왜냐하면 최저가격보상제로 인해 2배의 보상금을 받으므로 실제 내가 구입한 비용은 B마트에서 구입한 제품보다 훨씬 싸지기 때문이다. 이로 인해 최저가격보상제는 고객이 다른 유통업체로 이동하는 것을 막을 뿐 아니라 오히려 가격이 더 높음에도 불구하고 고객을 유입시키는 장치가 된다.

　그런데 이런 사실을 대형 유통업체들이 모르고 있을까? 그리고 최저가격보상제는 정말 가격을 낮추는 효과를 가져왔을까? 아니다. 결국 본 제도는 가격경쟁을 유도하는 것이 아니라 가격을 동일하게 만드는 장치로 활용되는 것이다. A마트에서 1,000원에 팔고 있다면, B마트도 1,000원에 파는 것이 가장 좋다. 왜냐하면 B마트에서 가격을 낮추면 오히려 가격이 상대적으로 비싼 A마트는 최저가격보상제를 통해 고객이 유출되지 않도록 방어한다. 그러므로 차라리 B마트도 가격을 높인 후 최저가격보상제를 통해 고객의 유출을 막는 것이 좋다. 물가를 낮추는 것이 아니라 오히려 높이도록 장려하는 이상한 제도가 된다. 그런데 두 회사는 최저가격보상제로 인해 이득도 줄어들고(고객들에게 2배로 보상해야 하므로), 일도 복잡해진다(일일이 보상해주어야 하고, 고객의 항의를 받아야 한다). 그러므로 가격을 높이더라도 매우 적은 단위(10원 또는 100원)의 차이밖에 나지 않는다. 이 정도 보상금액으로는 소비자들이 움직이지 않는다. 최소한 소비자는 자신이 발품을 판 정도는 보상을 받아야 한다. 원래 본 제도를 통해 기업 간의 경쟁을 유도하여 점차 가격을 낮추어야 하지만, 문제는 유통업체 특성상 가격을 낮출 수 있는 데 한계가 있다는 것이다. 유통업체는 손해를 보지 않기 위해 납품업체에 단가할인을 요구한다. 결국 최종 피해는 중소업체나 제조업체에 돌아간다. 또한 유통업체의 입장에서는 소비자를 이용하여 경쟁 유통업체의 가격정보를 수집할 수도 있다. 예를 들어, 한 고객이 A마트에서 제품을 구입하였는데 동일한 제품이 B마트에서 더 싸게 판다는 사실을 알았다. 당연히 고객은 보상을 받기 위해 A마트를 방문할 것이고 A마트는 자연스럽게 경쟁 마트의 가격을 수집하게 된다. 결국 한 유통업체가 가격을 책정하면 다른 유통업체들도 동일한 가격이나 근소한 가격으로 따라가게 된다. 아니면 유통업체 간 최저가격을 책정하는 상품들을 달리 한다. A마트가 배

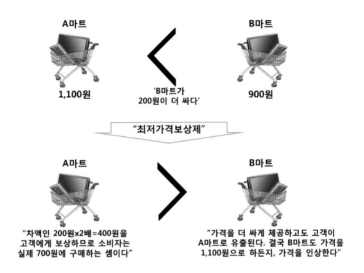

추라면, B마트는 샴푸를 최저가격보상제로 결정한다. 바로 담합이다. 이
것은 마치 한 동네에서 장사가 가장 잘되는 주유소가 가격을 책정하면
나머지 주유소가 이보다 조금 더 저렴하게 가격을 책정하는 것과 동일
하다. 이 또한 가격담합의 일종이다.

　최저가격보상제는 좋은 취지를 가진 제도였지만, 지속적으로 시행하
기에는 불합리한 제도였다. 결국 소비자를 배려하는 척하지만, 오히려
소비자를 우롱하는 제도로 타락할 여지가 많다. 그래서 싼 가격이 중요
한 것이 아니라 합리적인 가격과 공정한 시장이 될 수 있는 제도가 필요
한 것이다.

무임승차를
하지 맙시다

게임을 하나 해보자. 이번에도 매우 간단한 게임이다. 여러분은 0부터 100까지의 숫자 중 하나를 선택할 수 있다. 그리고 필자도 하나의 숫자를 선택할 것이다. 상대방이 선택한 숫자의 절반에 가까운 숫자를 선택한 사람이 이기는 게임이다. 예를 들어, 여러분이 50을 선택했고 내가 25를 선택했다면 나의 승리다. 반대로 여러분이 12(25의 정확한 절반인 12.5의 유사 값)를 선택했다면 여러분이 승리한다. 자, 과연 여러분은 어떤 숫자를 선택할 것인가? 3초의 시간을 주겠다. 1초, 2초, 3초.

이 게임은 상대방이 어떤 수를 선택할 것인지를 유추하여 그 숫자의 절반을 선택하면 된다. 즉, 상대방의 머릿속을 살짝 들여다봐야 한다.

이 게임에서 승리하기 위해서는 상대방보다 절반의 수를 적게 제시해야 한다. 물론 상대방도 똑같이 생각할 것이다. 결국 이 게임에서 승리하기 위해서는 '0'을 제시해야 한다. 왜일까? 50부터 시작한다면 절반의 수는 25, 다시 절반인 12.5, 또 절반인 6.25…… 이렇게 계속 절반을 계산해 보면 3.125, 1.5625, 0.78125, 0.390625, 0.1953125, 0.09765625, 0.048828125……. 결국 선택은 0이다. 그리고 상대방도 0을 선택한다. 모두 0을 선택하면 누가 이긴 것일까? 그렇다. 누구도 이긴 것이 아니며, 진 것도 아니다. 아름다운 무승부다.

도대체 이게 뭐야라고 따지는 사람도 있겠지만, 이것은 결국 무한경쟁에서는 누구도 이길 수 있고 누구도 질 수 있음을 의미한다. 상대방과 나의 이해관계가 만나는 최적점은 바로 균형이다. 모두가 공멸할 것인가, 아니면 모두가 살아남을 것인가? 선택은 각자의 몫이지만, 우리는 어떤 선택이 현명한지를 알고 있다. 그러나 정답을 아는 것과 이를 실천에 옮기는 것은 별개의 문제다. 마구잡이로 벌채되는 산림, 무분별한 남획, 황폐화된 목초지, 오염된 호수와 지하수, 물 부족, 온난화 현상 등 인류는 생존이 달린 자원을 스스로 파괴하고 있다. 결국 이것이 공유의 딜레마이며, 공유재의 비극(the tragedy of commons)이라고 불리는 것이다. 일찍이 아리스토텔레스(Aristoteles)도 "최대 다수가 공유하는 것에는 최소한의 배려만이 주어질 뿐이다. 모두 공익을 생각하기보다는 자기의 이익을 생각하기 마련이다"고 하였다. 1968년 개릿 하딘(Garrett J. Hardin)이 『사이언스(science)』지에 게재한 「공유재의 비극」이라는 논문을 보면, 합리적인 목동들은 자신이 목초지에 풀어놓은 가축들로부터 직접적인 이익을 얻지만 과잉 방목으로 인한 손실을 당장 겪지는 않는다. 때문에 각 목동은 가능한 많은 가축들을 공유지인 목초지에 방목한다. 결국 목초지는 황폐화되고 모두가 파국을 맞게 된다는 것이다.

공유재의 비극을 설명하고 있는 심리학 실험을 언급하고자 한다. 이해를 쉽게 하기 위해 수업시간에 학생들과 직접 진행한 방식으로 설명하겠다. 학생 20명에게 1,000원씩 분배된다. 학생들은 1,000원 중 일부 또는 전액을 기부할 수 있으며, 모인 기부금은 공동기금으로 관리된다. 그리고 모인 기부금은 정확히 2배가 되어 다시 모든 학생에게 동일하게 분배된다. 만약 모든 학생이 1,000원 전액을 기부하면, 20명×1,000원×2배=40,000원이 되어 학생 한 명당 2,000원씩 돌아간다. 그런데 한 명의 무임승차자가 기부금을 일체도 내지 않는다면 19명×1,000원×2배=38,000원이 되고, 공동기금을 20명에게 동일하게 분배하면 학생 한 명당 1,900원씩 돌아간다. 결국 1,000원 전액을 기부한 19명의 학생들은 1,900원을 가지게 되지만, 일체의 기부금을 내지 않은 한 명의 학생은 자신이 가지고 있는 1,000원에다 1,900원이 보태져 2,900원이 된다. 결국 무임승차를 통해 다른 학생들보다 1,000원의 이득이 더 발생되는 것이다. 이제 다른 학생들도 이 사실을 알게 된다. 누군가가 기부금을 내지 않아 자신의 이득이 100원 줄었다. 누가 기부금을 내지 않았는지 알 수 없는 상황에서 이제 다른 학생들도 무임승차에 편입하게 된다. 이것이 더 큰 이득이 발생된다는 것을 직감으로 알게 된 것이다. 사실 본 실험은 안전장치를 마련하기 위해 수업 전 한 명의 학생에게 무임승차자가 되어줄 것을 부탁해 놓았다. 물론 영특한 학생 중 사전 부탁을 하지 않아도 본 실험의 의미(?)를 이해하고 스스로 무임승차에 동참해주는 학생들도 있다. 그러면 두 번째 기부금 모금 시에는 더 많은 학생들이 기부를 하지 않거나 일부의 금액만을 기부하게 된다. 결국 전액을 기부하는 학생들만 손해를 보는 것이다.

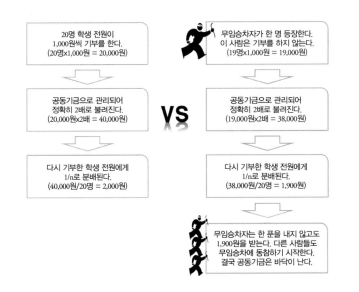

2011년 서울시정개발연구원의 자료에 의하면, 교통체증을 유발하는 교통법규 위반 행위 중 가장 많은 것이 꼬리물기 및 끼어들기라는 보고가 있었다. 그리고 이러한 꼬리물기 및 끼어들기를 통해 발생하는 비용과 편익을 제시하였다. 꼬리물기의 경우 위반 행위 1회당 얻는 편리함은 224원이고, 끼어들기는 5,159원이다. 그러나 위반 1회당 총 손실비용은 꼬리물기가 6,000원, 끼어들기가 3만 3,000원으로 꼬리물기 및 끼어들기로 인해 서울시가 연간 지출해야 할 손실비용은 863억 원에 이른다고 한다. 전체적으로 보았을 때, 1명이 불법운전을 하면 7,000원을 이득 보지만 이로 인해 주변은 17만 원의 손해를 보는 셈이다. 얌체운전을 비롯하여 불법운전 행위가 어느 정도의 사회적 손실비용을 발생시키는지를 알 수 있다.

여성 경제학자로 최초의 노벨 경제학상을 받은 엘리너 오스트롬(Elinor Ostrom)의 저서 『Governing the Commons』(한국어판 제목: 공유의 비극을 넘어)는 인류가 공유한 환경과 자원은 왜 남용되고 고갈될 수밖에 없는가에 대한 문제를 다루고 있다. 지금까지의 해법은 정부가 개입하거나 민간 기업에 소유권을 이전하는 이분법적 해법이었다. 그러나 그녀는 이러한 방법보다 공동체 자치관리를 통한 지속 가능한 개발의 조건을 제시하고, 게임이론을 응용한 공동체 자치관리에 대한 실증적 사례를 통해 그 해법을 제시하였다. 터키의 어촌, 스위스의 목장지대, 스페인과 필리핀의 농촌지역 등 전 세계 곳곳에서 공유재의 비극을 해결한 사례들을 발굴하고 분석함으로써 공존의 가능성을 제시하였다.

공유재의 비극을 막고, 공존할 수 있는 방법은 무엇인가? 약속하는 것이다. 서로 간의 믿음과 신뢰를 바탕으로 약속하는 것이고, 약속을 깨뜨리는 사람에게는 합당한 벌을 내릴 수 있도록 제도화시켜야 한다. 약속이 지켜질 때 발생하는 이득이 장기적으로 사회 전체에 더 큰 이득이 될수 있음을 이해하고, 이러한 이득은 다시 사회구성원에게 공정하게 배분되어 선순환이 이뤄짐을 보여줘야 한다. 학생들과 진행하는 기부금에 대한 실험은 이러한 의미를 전달함에 있다. 무임승차의 달콤한 유혹이 어떠한 파멸을 불러올 수 있는지를 느끼게 한다. 학생들에게 마지막으로 다음과 같은 질문을 던졌다.

"누가 무임승차자인지 알게 된다면, 여러분은 이러한 사회적 기만자에게 보복을 하겠습니까, 아니면 여러분도 무임승차를 하겠습니까? 물론 보복행위로 자신의 이득이 줄어들거나 아니면 피해를 받을 수도 있습니다. 선택은 여러분의 몫입니다."

질문에 다수의 학생들은 자신의 이득이 줄어들더라도 사회적 기만자에게 보복을 하겠다고 대답했다.

원자력발전소의 각종 비리 종합세트로 인해 선량한 국민들의 안전이 위협되고, 그 피해가 고스란히 전달되고 있다. 사회적 기만자를 막아야 할 공무원들과 공공기관이 오히려 스스로 무임승차를 앞다퉈 한 꼴이다. 어찌 보면 원전비리 마피아에서 무임승차를 하지 않는 사람이 바보가 된 셈이다. 이들에게 엄정한 법 집행이 이루어지겠지만, 그 배후가 누구인지를 명확히 밝히고 사회적 기만자의 얼굴을 똑똑히 기억해야 한다. 이것이 법보다 무서운 보복이 될 것이다.

싸다고 무조건
좋은 것은 아니다?

국내 G마켓이나 옥션 사이트에 들어가 보면, 동일한 제품을 판매하는 많은 판매자를 쉽게 찾아볼 수 있다. 혹시 여러분은 물건을 구매할 때, 이런 의문점이 생기지 않았는가?

 "동일한 물품을 다양한 가격대로 제시한다면, 구매자는 모두 최저가 판매자에게만 물건을 구입하지 않을까? 이렇게 손쉽게 가격비교가 가능한데, 비싸게 팔고 있는 판매자는 왜 가격을 내리지 않을까?"

 인터넷을 통한 가격비교 서비스를 통해 소비자는 더 이상 발품을 팔지 않더라도 손쉽게 최저가를 제시하는 판매자를 검색할 수 있다. 그러나 이러한 가격비교 서비스를 소비자만 알고 있는 것은 아니다. 당연히 판매자들도 수시로 검색할 것이다. 판매자는 경쟁업체의 가격정보를 손쉽게 알게 됨으로써 다음과 같은 가격정책을 펼칠 수 있다.

첫 번째, 경쟁업체보다 더 낮은 가격을 제시한다.

두 번째, 경쟁업체와 동일한 가격을 제시한다.

세 번째, 자신의 가격을 그대로 유지한다.

네 번째, 경쟁업체보다 더 높은 가격을 제시한다.

여러분이 판매자라면 위 네 가지 가격정책 중 어떤 정책을 선택하겠는가? 대부분 첫 번째와 두 번째의 가격정책을 선택해야 한다고 생각할 것이다. 그러나 이는 판매마진을 고려해야 한다. 즉, 여유자금이 있어야만 가능한 정책이다. 세 번째와 네 번째 가격정책을 선택하는 것은 가격 경쟁력이 떨어져 향후 망할 수 있다는 생각이 들겠지만, 오히려 경쟁력을 높일 수 있는 차별화 정책이다. 왜 그런지 다시 한 번 생각해 보자. 첫 번째와 두 번째 가격정책을 선택하면 다른 경쟁업체도 가만히 있지 않을 것이다. 이들도 가격을 낮추거나 동일한 가격을 제시한다. 특히 인터넷 쇼핑몰의 경우, 수시로 가격을 낮출 수 있는 구조를 가지고 있으므로 내가 가격을 내리면, 다른 경쟁자도 손쉽게 가격을 내린다. 그러면 나는 더 낮은 가격을 제시해야 한다. 결국 어렵게 가격을 내린 보람이 없다. 판매자 중 여유자금을 가진 업체만이 생존할 것이다. 그러나 이러한 무한경쟁과 출혈경쟁은 판매자 모두가 피하고 싶은 상황이다. 더욱이 개인 사업자가 대부분인 판매자의 경제 상황을 고려해볼 때 가격경쟁만큼은 피하고 싶을 것이다. 반대로 내가 가격을 높이면, 상대방은 가격을 그대로 유지한다. 그러므로 상대방의 가격정책을 무리하게 따라 가기보다는 다른 경쟁사보다 더욱 향상된 고객 서비스를 제시하는 것이 낫다. 예를 들어, 반품을 받을 때 무료 배송을 제공하든지, 제품옵션을 포함하여 기본 가격을 책정한다든지, 2개를 구매했을 때 가격을 더 큰 폭으로 할인하는 등의 서비스를 제공하는 것이다.

그러므로 인터넷의 가격비교 서비스는 무한경쟁을 통해 가격을 지속적으로 하락시킨다고 생각하기 쉽지만, 실제로 가격을 고착화시키는 역할을 담당한다. 다만 오프라인 매장보다는 고정비용이 낮기 때문에 가격경쟁력을 가지고 있을 뿐이다. 그런데 이러한 무한경쟁이 소비자에게 꼭 유리한 것일까? 누구나 품질도 좋고 가격도 저렴한 제품을 원하지만, 무한경쟁을 통한 가격할인은 오히려 소비자에게 피해가 갈 수 있다. 쉽게 말해, '싼 게 비지떡'이 될 수 있다. 왜 그럴까?

1970년 때 발표된 조지 애컬로프(George A. Akerlof)의 선구적 연구 내용을 잠시 살펴보자. 중고차 시장에서 중고차의 실제 품질에 대해 판매자만 정확히 알고 있고, 구매자는 단지 중고차 시장에 레몬 차(품질이 나쁜 중고차)와 복숭아 차(품질이 좋은 중고차)가 절반씩 차지하고 있다는 것만 알고 있다. 여기서 레몬 차의 경우, 판매자는 1,000달러에 판매하려고 하고 구매자는 1,500달러에 구매하려고 한다. 또한 복숭아 차의 경우, 판매자는 3,000달러에 판매하려 하고 구매자는 4,000달러까지 지불할 용의가 있다.

	판매자(중고차 주인)	구매자
레몬 차(품질이 나쁜 중고차)	1,000달러	1,500달러
복숭아 차(품질이 좋은 중고차)	3,000달러	4,000달러

이때 구매자의 입장에서는 중고차 품질에 대한 정보가 없는 상황이고, 단지 중고차 시장에 레몬 차와 복숭아 차가 반반씩 있으므로 본인이 구입하고자 하는 중고차의 가격은 (1,500+4,000)/2=2,750달러가 된다. 결국 구매자는 중고차에 대한 불확실한 정보로 인해 최대 지불용의 가격(willing to pay)은 2,750달러가 된다. 그러므로 2,750달러 이상인 복숭아 차는 구입하지 않으려 할 것이고, 레몬 차만 구입하려 할 것이다(이것이 복숭아 차인지 레몬 차인지 알 수 없으므로 당연히 더 저렴한 중고차를 선택할 것이기 때문이다). 복숭아 차 판매자는 이 가격으로는 판매를 할 수 없으므로 품질이 떨어질 때까지(레몬 차가 될 때까지) 계속적으로 주행을 할 것이다. 결국 중고차 시장에서 복숭아 차는 사라지고, 레몬 차

만 득실거린다.

즉, 악화가 양화를 구축하는 셈이다. 더 큰 문제는 레몬 차(1,500달러)만 존재하지만 중고차 가격이 구매자의 지불용의 가격(2,750달러)까지 상승되는 것이다. 실제 레몬 차만 중고차 시장에 존재하지만 어딘가에 복숭아 차도 존재한다고 믿기 때문이다. 결국 외관만 그럴싸한 레몬 차(복숭아 차로 둔갑하는 기준이 된다)가 더 높은 가격에 팔리면서, 이러한 피해는 고스란히 구매자가 떠안게 된다.

이러한 상황은 인터넷 쇼핑몰도 동일한 상황이다. 가격비교 서비스를 통해 소비자가 오로지 더 저렴한 가격만을 찾게 되고, 구입에 대한 의

복숭아 차
(품질이 좋은 중고차)
판매가 : 4,000달러

레몬 차
(품질이 나쁜 중고차)
판매가 : 1,500달러

'음. 외관은 비슷한데,
가격차이가
2,500달러가 나는군.
그냥 싼 자동차를 사야겠어.'

복숭아 차 수요가 사라지자
모든 자동차 주인은 레몬
차가 될 때까지 운행한다.

중고차 시장은 이제 레몬 차만
득실거린다. 그러나 레몬 차
가격이 복숭아 차의 중간가격인
2,750달러로 상승된다.

사결정이 오로지 가격(최저가)이라면 시장에는 레몬 제품만이 득실거릴 것이다. 가격대비 좋은 품질을 가진 복숭아 제품임에도 불구하고 모두 외면한다. 이런 상황에서 경쟁업체보다 더 저렴한 가격을 제시할 수 없는 판매자는 어떻게 할까? 판매자는 두 가지 선택을 해야 한다. 하나는 높은 가격에 걸맞은 프리미엄 제품 또는 서비스를 제시하거나 제품의 제조 단가를 낮춰야 한다. 후자의 경우, 저가의 불량제품이거나 성능이 떨어지는 제품이 등장할 수밖에 없다. 제조 원가를 낮추기 위해 주요 성능을 제외하거나 저렴한 부품이나 원료를 사용하여 가격을 낮추는 것이다. 결국 불량제품만이 판을 치게 된다. 가격이 저렴한 것이 모두 불량제품이거나 좋지 못한 제품은 아니다. 그러나 싸면서도 좋은 제품을 제공하기 위해서는 그만한 투자와 노력이 필요하다. 그리고 이를 고객에게 어필할 수 있어야 한다. 이를 위해서는 상당한 투자 자금이 필요하다. 판매자 입장에서는 제대로 된 제품을 프리미엄 가격에 판매하는 것보다 가격을 떨어뜨리는 손쉬운 방법을 선택할 것이다. 고객이 오로지 최저가만을 고려한다면 말이다. 소비자의 현명한 선택이 절실한 상황이다.

당장 사세요,
기회는 지금뿐이에요!

우선 아래의 편지를 읽어 보자.

사랑하는 엄마, 아빠에게

집을 떠나 학교에 온 후로 자주 연락드리지 못해 죄송합니다.

그래서 그동안 밀린 이야기들을 오늘 편지에 상세하게 들려드리겠습

니다. 그런데 이 편지를 읽으시기 전에 반드시 편안한 자세로 앉으세요.

아셨죠? 반드시 앉아서 읽으셔야 합니다.

　자, 그럼 시작할까요? 저는 지금 모든 것이 편안합니다. 이곳 기숙사에 입주하자마자 불이 나서 창문에서 뛰어내려 골절상과 뇌진탕의 부상을 입었지만 이제는 거의 다 나아 괜찮습니다.

　다행히 기숙사에 불이 난 것과 제가 불을 피해 창문에서 뛰어내린 것을 기숙사 근처의 주유소 직원이 목격을 하고 저를 위해 증언을 해줘서 별문제는 없었습니다. 그 사람은 화재를 발견하고 소방서에 연락했을 뿐 아니라 구급차를 불러주는 친절까지 베풀었답니다. 더군다나 그는 병원에 입원해 있는 저를 위문 차 찾아와서 기숙사가 불이 나서 갈 데가 없다면, 그의 아파트에서 함께 지내도 좋다고 저를 초대하는 호의까지 보여주었습니다. 그는 매우 훌륭한 청년이어서 우리는 금방 서로 사랑에 빠졌고 장래를 약속했답니다. 아직 구체적인 결혼 날짜를 잡은 것은 아니지만 조금 있으면 제 배가 더욱 불러져서 보기 싫어지기 전에 결혼식을 올릴 예정입니다. 놀라셨죠? 그래요, 저는 임신을 했습니다. 엄마, 아빠가 얼마나 손자를 기다리고 있는지를 저는 잘 알고 있지요.

　저희가 아직 결혼 날짜를 확정하지 못한 것은 뭐, 대단한 것은 아니지만 그이의 질병이 아직 완전히 치유되지 못했고, 저도 어쩌다 보니 그 병에 전염되었기 때문이에요. 그렇지만 엄마, 아빠가 기꺼이 그이를 우리

집안의 사위로 환영해주시리라 믿어요.

　그이는 비록 고등학교밖에 졸업하지 못했지만, 아주 큰 야망을 지니고 있는 사람이랍니다. 또한 그이가 저와 인종이 다르고 종교가 다르기는 하지만 부모님의 하해 같은 이해심을 생각하면 그리 큰 문제는 아니라고 생각합니다.

　하하! 엄마, 아빠, 이제 정말로 저의 근황을 말씀드릴게요.

　사실은 기숙사에 불이 난 적도 없으며 저는 골절상과 뇌진탕으로 병원에 입원한 적도 없어요. 게다가 저는 남자 친구도 없으며 동거한 적도 없고 따라서 임신도 하지 않았지요. 물론 질병에 걸리지도 않았고요. 그러나 문제는 제가 미국사 과목에서 'D' 학점을, 그리고 화학에서 'F' 학점을 받았다는 거죠. 매우 유감스러운 성적이지만 저는 건강히 학교에 잘 다니고 있으니 별 걱정은 하지 마세요.

　다시 편지 드릴게요.

엄마, 아빠를 사랑하는 딸 샤론 드림

　편지를 보고 난 뒤, 아마 이런 생각이 들 것이다. '참 뻔뻔한 아가씨네. 어떻게 이런 생각을 하지? 부모님이 더 화가 나셨을 거야.' 그렇다. 필자

역시 만약 나의 딸이 이런 편지를 보내왔다면 당장 달려가 혼쭐을 내줄 것이다. 성적 때문이 아니라 황당한 거짓 설정 때문에 혼을 내리라. 분명한 것은 부모들이 성적 걱정은 하지 않을 것이라는 것이다. 그렇다면 이 여대생의 목적은 성취된 셈이다. 로버트 치알디니(Robert Cialdini)는 그의 저서 『설득의 심리학』에서 본 편지를 제시하고 이를 대조효과(contrast effect)를 극대화시킨 사례로 설명하였다.

대조효과는 기업체의 마케팅 기법으로 널리 활용되고 있다. 우리는 어디를 방문하든 가격이 할인된 제품을 만날 수 있다. 10만 원짜리 제품이 20% 할인되어 8만 원으로 되어 있다. 이 제품이 원래 8만 원짜리인지는 판매자만 알고 있다. 이것이 상술이라고 할지라도 8만 원 가격표가 붙은 제품과 10만 원 제품이 할인되어 8만 원에 팔고 있는 제품 중 우리는 후자를 선호한다. 무언가 할인되었다고 하면, 그리고 지금이 할인시기라면 우리는 더 사고 싶어 한다. 이러한 구매욕망은 같은 제품을 다른 사람보다 더 싸게 구매했다는 자기만족이자 능력표출의 욕구다. 다른 사람은 못한 것을 나는 할 수 있다는 작은 과시욕이 발동되는 것이다. EBS 미디어 팀에서 제작한 『자본주의』 책을 보면 이런 내용이 나온다. "소비는 감정이다. 마케팅은 다양한 기술을 사용해 소비자를 전략적으로 유혹한다. 소비자는 이유도 모른 채 그 상품이 필요하다고 느낀다." 결국 할인정책도 고도의 마케팅 전략이다. 그 물건이 꼭 필요해서 구매하기보다는 이 시기가 지나면 다시 가격이 올라갈 것이라는 불안심리가 작동하며, 필요하지 않아도 친구가 사면 나도 사야 한다는 동조현상이 발생한다. 그리고 무엇보다 내가 할인을 받았다는 사실은 자기만족을 극대화시킨다.

로버트 치알디니의 책에서 소개된 재미난 사례를 하나 더 살펴보자. 1930년대 한 의류상점을 운영하고 있던 형제가 있었다. 형은 재단사였고, 동생은 상점에서 주로 판매를 담당했다. 마음에 든 옷을 발견한 고객이 가격을 물으면 동생은 이렇게 외쳤다. "형, 이 옷이 얼마지?" 조금 멀리 떨어져 있던 형은 "그 멋진 옷은 42달러야." (당시에는 비싼 가격이라고 한다) 그러면 동생은 귀가 약간 먼 것처럼 "얼마라고?" 그러면 형이 다시 한 번 또박또박 이야기한다. "42달러라고." 그제야 알아들었다는 동생은 "네, 22달러라고 하는데요." 그 순간 고객은 재빨리 22달러를 지불하고 옷을 들고 사라진다. 판매원이 자신의 실수를 알기 전에 말이다. 고객들은 동생의 청각에 문제가 있다고 생각하고 이 소문은 빨리 퍼진다. 그렇다. 첨단기술이 동원된 마케팅은 아니지만 너무나 효과적인 대조효과다.

쿠팡, 티켓몬스터와 같은 모바일 쇼핑몰이 할인 마케팅을 주도하고 있다. 우리는 늘 들고 다니는 스마트폰을 통해 실시간으로 할인을 받는다. 내가 어디로 가고 있는지, 지금 무엇을 하고 싶은지 등 나의 정보들이 흘러나가고, 이 정보는 마케팅으로 활용되어 할인쿠폰을 통해 우리들을 유혹한다. 가히 할인 천국에 살고 있다. 요즘은 제 가격에 물건을 사거나

합리적 소비를 방해하는 할인, 할인, 할인

서비스를 이용한다면 똑똑하지 못한 소비자가 되는 시대다. 이 시점에서 우리는 이러한 할인 천국 시대에서 자신의 소비 행태를 다시 한 번 따져봐야 한다. 원래는 오천 원짜리 된장찌개를 먹으려 했는데, 오천 원이 할인된 만 원짜리 피자를 먹고 있는 시대다. 이것은 과연 현명한 판단일까? 물론 기왕이면 할인된 가격일 때 구매하는 것이 현명하겠지만 정말 내가 구매하려고 했던 물건인지, 아니면 충동구매인지를 따져보는 현명함이 필요하다. 내가 배고픔을 해결하면 되는지, 아니면 약간의 호사를 누리고 싶은 것인지를 다시 한 번 꼼꼼히 생각해 보자는 것이다.

소비자가 소비에 대한 기준을 세우지 못한다면, 지금 이 순간 당신에게 도착한 메시지의 유혹에 넘어가고 말 것이다.

"당신을 위한 할인쿠폰입니다."

"빨리 사세요. 지금뿐이에요!"

오!
뷰티풀 마인드

죄수의 딜레마(prisoner's dilemma)는 게임이론의 유명한 사례다. 두 명의 사건 용의자가 체포되었는데 확실한 물증이 없는 상황이다. 두 명의 용의자는 서로 다른 취조실에 격리되어 심문을 받고 있으며, 서로 간에 이야기는 전혀 할 수 없다. 영화에서도 쉽게 볼 수 있는 이런 상황을 자세히 그려보자. 용의자를 심문하는 경찰은 다음과 같이 말한다.

"이미 공범자가 자백을 했네. 당신도 자백을 하는 것이 좋아. 당신이 자백을 하면 5년 복역으로 감형이 될 거야. 그러나 자백을 하지 않으면 이번 사건의 주범이 되어 10년 형을 받게 될 걸세. 그리고 공범자는 가석방이 될 거야. 그만 자백을 해. 혼자서 10년을 감옥에서 살기 싫으면."

　취조는 똑같이 다른 공범자에게도 이뤄진다. 사실은 자백 여부에 따라 사건의 범인이 결정되는 상황이다. 두 명의 용의자가 모두 자백하지 않고 완강히 거부한다면, 물적 증거부족으로 가벼운 경범죄만을 물어 3개월 정도만 복역하면 된다.

　본 문제의 핵심은 용의자 간의 신뢰다. 검거되기 전에 두 용의자가 충분히 공모를 하여 자백하지 않기로 하였다면, 두 명 모두 3개월만 복역하면 된다. 그러나 어느 한쪽이 배신을 하게 된다면, 자백한 용의자는 가석방이 되고 자백하지 않은 용의자는 혼자서 10년을 복역하게 된다. 여기서 최선의 선택은 두 명 모두 자백하지 않는 것이다. 그러나 서로 신뢰하지 않는다면, 상대방이 자백할 것을 두려워하게 되고 결국 두 명 모두 자백하게 되어 5년을 복역해야 한다. 이 상황이 그 유명한 내쉬 균형(Nash equilibrium)이 된다.

　2002년도에 개봉한 영화 〈뷰티풀 마인드〉는 내쉬 균형으로 노벨 경제학상을 수상한 미국의 천재 수학자 존 포브스 내쉬(John Forbes Nash Jr.)의 일생을 다루고 있다. 이 영화에서 내쉬 균형을 정말 재밌게 표현한 장면이 있다. 사실 죄수의 딜레마는 일반인들이 쉽게 접할 수 있는 상황은 아니다. 대부분의 사람은 착하게 살고 있으니까.

　영화에서는 내쉬 균형을 남녀 간의 미팅(정확히는 작업을 거는 장면이다)으로 재해석하였다. 한 술집에 4명의 여성들이 들어온다. 이 중 한 명의 여성은 그 미모가 탁월하였다. 모두 그 여성만을 바라보고 있다. 마침 4명의 남성들이 그 여성들과 합석을 시도하려고 한다. 합석은 성공하였고 파트너 결정의 순간이 왔는데, 남성 4명 모두 그 미녀에게만 한눈이 팔려 있다. 사실 다른 여성들의 미모도 준수한 편이었다. 이때 존 내쉬는 다음과 같은 현상을 발견한다.

"모든 남성이 한 명의 미녀에게만 관심을 가지고 접근하게 되면, 1명의 미녀를 두고 4명의 남성들이 경쟁을 하게 돼. 때문에 오히려 콧대가 높아진 미녀는 그들을 모두 외면하거나 4명의 남성 중 한 명하고만 짝이 될 거야. 버림을 받은 남성들은 실망을 할 것이고 뒤늦게 다른 여성들에게 접근하려 하지만 이미 다른 여성들은 '괘씸죄'로 이들을 외면하게 되겠지. 결국 다수가 불행해져. 최고의 상황은 남성들이 그 미녀를 외면하는 거야. 그럼 최대 3쌍의 커플이 이뤄지거나 의기소침해진 미녀는 한 명의 남성과 짝이 되겠지. 이것이 모두가 행복해지는 상황이고, 균형을 이루는 상황이야."

존 내쉬가 정말 이런 상황에서 내쉬 균형을 발견했는지는 알 수 없으나 여기서 중요한 것은 모든 구성원이 어떻게 합의를 이끌어낼 수 있느냐다. 어떤 조직이든 경쟁 또는 위기의 상황에 처하게 되면 음모와 배신이 나타난다.

리니언시(leniency) 제도도 이러한 예로 볼 수 있다. 리니언시 제도는 기업 간 담합행위의 자진신고를 유도하기 위해 만들어진 것으로 '담합 자진신고자 감면제도'로 불린다. 담합에 대한 최초 신고 기업에 처벌을 면제해주는 제도이며, 우리나라에서는 2순위에도 50%의 과징금을 경감해주고 있다. 문제는 시장의 지배 기업들이 리니언시 제도를 이용하여 담합에 대한 과징금과 검찰 고발을 면제받는 경우가 많다는 것이다. 본 제도가 다수의 소비자 피해를 막기 위한 조치이지만, 사전 피해방지보다는 이미 담합이 이루어지고 난 이후에 신고를 유도하는 것이 문제다. 왜냐하면 일반적으로 담합은 시장 지배자 위치를 차지하는 소수의 기업들이 참여하는 사례가 대부분이다. 이들이 담합 기간 동안 가격인상 등으로 소비자를 우롱하고 이득을 충분히 취한 다음, 다른 경쟁사를 제거하는 데 리니언시 제도를 악용할 수 있기 때문이다. 물론 이렇게 배신을 당한 기업의 입장에서는 다시는 그 기업과 담합이나 거래를 하지 않겠지만, 그들이 지금까지 누린 부당이익과 시장 지배자의 위치를 지속시킬 수 있다는 불공정성은 어떻게 해소할 것인가?

죄수의 딜레마를 통해 살펴본 '배신과 신뢰, 그리고 합의를 통한 균형점 찾기'를 이해하기 위해 다음과 같은 게임을 해보자. 본 게임은 '가위바위보 전략게임'으로 명명하였다. 게임의 룰은 간단하다. 가위바위보에서 이기면 +3점, 지면 −3점이 된다. 그리고 비기면 두 팀 모두 각각 +1점씩을 취득한다. 이때 중요한 것은 가위바위보를 하기 전에 한 팀에서 무

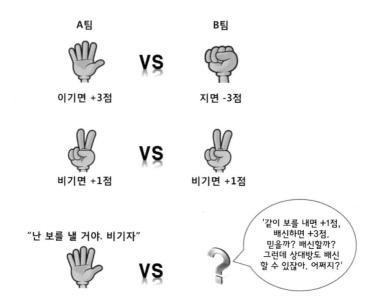

엇을 낼 것인지를 상대 팀에게 전달한다는 것이다. 예를 들어 "나는 보를 낼 거야." 이렇게 상대팀에게 이야기한다. 정말 보를 낼 것인지는 알 수 없다. 상대팀을 신뢰한다면 같이 보를 내어 비기면 된다. 그러면 양팀이 모두 +1점을 가져갈 수 있다. 물론 상대 팀이 보를 낼 것이라고 믿고 오히려 가위를 내어 이길 수도 있다. 배신이다. 결국 양 팀 모두 배신을 할 수 있다. 배신을 할 것이라고 생각하면 양 팀의 머리가 복잡해진다. 이 가위바위보 전략게임은 모두 2번씩 승부를 한다. 학생들과 여러 번 본 게임을 진행해 보았는데, 항상 배신을 한 팀이 이겼다. 순진하게 상대방의 이야기를 믿는 팀들은 꼭 한 번씩 배신을 당한다. 배신을 당한 팀은 그 이후로 절대 상대방을 신뢰하지 않으며, 이기기 위해 머리를 굴린다. 이 게임을 통해서 알 수 있는 것은 누구나 이길 수도 있고 질 수도 있다는 것이다. 가위바위보 게임에서 한 번 이기고(+3점), 한 번 지면(-3점) 결국 0점이 된다. 그런데 모두 비기면 2점을 얻게 된다. 서로를 신뢰하면 오히려 더 큰 이득이 발생된다. 필자는 이를 '아름다운 균형'이라고 부른다. 그러나 담합과 같은 부조리가 발생하기도 한다. 이는 '추악한 균형'이다. 선과 악은 동전의 양면이다. 분명한 것은 악은 결국 배신을 불러온다는 것이다. 한 번 부당이익에 눈이 먼 사람은 더 큰 이익을 쫓아간다. 나만 살겠다고 배신을 한다. 가위바위보 전략게임을 마치고 배신을 한 팀이 우승을 하면 꼭 이런 이야기를 한다.

"아름다운 균형을 추구하든지, 그것이 불가능하다면 정정당당히 경쟁하십시오. 상대방을 신뢰할 수 없다면 차라리 경쟁을 하는 것이 낫습니다."

지금 당신이 담합을 하고 있거나 불공정한 거래를 하고 있다면 꼭 기억해야 할 것이 있다. 결국 언젠가는 배신을 당할 것이라는 사실이다. 그리고 상대방도 똑같은 생각을 가지고 있다. 상대방을 신뢰할 수 없다면 차라리 당당하게 경쟁하는 것이 지속적이고 훨씬 더 오랫동안 돈과 명

예, 그리고 존경을 받는 길이다. 신뢰가 아닌 힘의 논리로 어쩔 수 없이
부당거래를 하고 있다면, 힘의 균형이 깨지는 순간 바로 배신을 당할 것
이다. 결국 부당이득 때문에 뭉쳐진 관계는 신뢰가 되었든 힘의 논리가
되었든 항상 배신이 도사리고 있음을 기억해야 한다.

도와줘요!
슈퍼히어로

1964년 미국 뉴욕 퀸스 지역 주택가에서 기티 제노비스(Kitty Genovese)라는 여성이 강도에게 강간살해를 당했다. 〈뉴욕타임스〉는 1면에 다음과 같은 기사 내용을 전했다.

"30분이 넘는 시간 동안 누구보다도 훌륭하고 준법정신이 투철한 38명의 퀸스 시민들은 무자비한 살인마가 큐 가든스에서 한 여성을 미행하고, 세 번에 걸쳐 흉기로 살해하는 장면을 지켜보았다. 그러나 그중 경찰에게 살인 사건을 신고한 사람은 단 한 명도 없었다. 공격받은 여성이 숨진 뒤에야 오직 한 명만이 경찰에 전화를 걸었을 뿐이다."

2012년 12월 뉴욕 지하철에서 한인동포가 한 명의 부랑자에게 떠밀려 철로에 떨어졌다. 그는 플랫폼으로 기어오르려 안간힘을 썼지만 역부족이었다. 생존을 위한 1분의 순간에 근처에 있던 사진기자는 49차례나 플래시를 터뜨리며 사진만을 찍었고, 이 사진은 〈뉴욕포스트〉 1면에 '이 남자는 곧 죽는다(this man is about to die)'는 자극적인 제목을 달아 실렸다. 이 순간을 목격한 뉴욕 시민 누구도 그를 도와주지는 않았다.

1964년 제노비스 살인사건은 도덕성에 대한 논란을 가속화시켰고, 이후 제노비스 신드롬(genovese syndrome) 또는 방관자 효과(bystander effect)로 불리었다. 달리(Daley)와 라테인(Latane)은 이 사건을 계기로 이와 관련한 심리실험을 진행하였고 이는 주위에 사람이 많을수록 책임감이 분산돼 어려움에 처한 사람을 도와주는 걸 주저하게 됨을 밝혔다. 그리고 48년이 흐른 2012년의 뉴욕 한인 지하철 사건은 많은 안타까움과 함께 또 한 번의 방관자 효과를 여실히 보여주었다. 당시 사진을 찍었던 기자는 비난 여론이 쏟아지자 〈뉴욕포스트〉에 장문의 글을 실어 자신의 행동을 정당화하였다. 그의 말을 들어보자.

"지하철에 치인 사람에 대한 응급처치가 진행되는 동안 휴대폰을 손에 쥔 군중이 몰려들어 동영상을 촬영하려 했다. 서로 밀치기까지 했다. 나는 그들에게 물러서라고 소리를 질렀고 피해자 이송을 도와주었다."

　자신은 철로에 떨어진 사람을 구하기에는 역부족이었기에 사진만을 찍었다는 해명이다. 차이가 있다면 이 사진기자는 철로에 떨어진 위기의 순간에 사진을 찍은 것이고, 다른 사람들은 사건이 발생한 다음 죽어가고 있는 사람의 사진을 찍었다는 사실이다.

　이와 유사한 사건이 20년 전에도 일어났다. 1993년 사진기사 케빈 카터(Kevin Carter)는 수단의 기아 현장을 취재하던 중 갈비뼈가 다 드러난 채 굶주려 주저앉아 있는 어린 소녀와 그 뒤에서 숨이 멎기를 기다리고 있듯 이를 지켜보고 있는 독수리의 사진을 찍었다. 이 사진은 수단의 대기근으로 인한 참상을 세상에 알렸고, 다음 해에 그는 퓰리처상을 수상하였다. 그러나 사진을 찍기보다는 이 소녀를 구해야 했다는 비난이 쏟아지면서, 결국 케빈 카터는 그해 자살을 하고 만다.

1994년 퓰리처 수상작, 케빈 카터의 「수단의 굶주린 소녀」

이 세 가지의 사건을 단순 비교할 수는 없지만, 여기서 우리는 하나의 딜레마에 빠지게 된다. 불의의 순간 자신의 몸을 던지는 영웅이 될 것인가, 아니면 모른 척하거나 단지 안타까워하는 구경꾼이 될 것인가?

먼저 이와 유사한 사건의 영웅 사례를 살펴보자. 2007년 뉴욕 맨해튼 지하철에서 한 청년이 선로로 떨어졌다. 50세의 흑인 건설근로자는 두 딸과 그 장면을 보게 되었고, 그 흑인 근로자는 선로로 뛰어들어 청년을 자기 몸으로 덮으며 재빨리 엎드렸다. 곧이어 전동차는 그들의 몸 위를 지나갔다. 이를 지켜보던 사람들은 비명을 질렀고, 모두 그들이 죽었다고 생각했다. 그러나 전동차가 지나간 다음, "우리는 괜찮아요"라는 소리가 들려왔다. 기적적으로 살아난 것이다. 아슬아슬하게 전동차가 그들의 몸 위를 스쳐 지나갔으며, 이 사건 이후 이 근로자는 미국의 영웅이 되었다. 이 사건을 두고 전문가들과 언론들에서는 그의 영웅적 행동을 해군 복무 경험과 세 아이의 아버지라는 점을 들어 그가 남을 돕는 자세를 훈련받은 덕분이라고 분석하였다.

그렇다면 남을 돕는 자세는 훈련 또는 교육을 받아야 하는 것일까? 우리는 학교와 가정에서 어떻게 교육과 훈련을 받아왔는가? 주변에서 이런 말을 자주 듣는다. "줄을 잘 서라. 중간에 서는 것이 가장 좋은 것이다." 결국 사회에 순응해야 함을 우리는 암묵적으로 교육받아 왔다. 그럼, 도대체 순응(順應, adaptation)이란 무엇인가? 환경이나 변화에 적응하여 익숙해지거나 체계, 명령 따위에 적응하여 따름을 의미한다. 심리학에서는 습관화(habituation)를 포함하기도 한다. 결국 순응은 다수의 흐름에 따라가는 것을 말한다. 그러나 올바른 순응은 문제가 없지만, 우리 사회는 그렇게 현명하거나 옳지만은 않은 것이 사실이다. 사회적 오류가 곳곳에 도사리고 있다. 우리는 어려운 사람들을 도와야 한다고 교육받았지만, 암묵적으로 조건이 전제되지 않았는가? "내가 피해를 받지 않는다면…… 내가 먼저 도움을 받았다면…… (도움을 줄 수도 있어)." 이렇게 말이다.

다음은 수업시간에 진행한 실험이다. 수업시간 중 학생들에게 뜬금없이 다음과 같은 질문을 하였다. "미국의 초대 대통령은 링컨입니다(이 전제는 틀렸다). 그렇다면 우리나라의 초대 대통령은 누구일까요?" 질문은 당연히 잘못되었고 엉터리다. 그러나 수업 사전에 7~8명의 학생들과 모의하여 본 질문에 대해 "김구"라는 잘못된 답변을 하도록 하게 하였다. 이때 첫 번째 답변이 중요하다. 절대 어색하게 대답하면 안 된다. "당연히 김구 아닌가요"를 자연스럽게 이야기하도록 하였다. 평소에 다른 학생들이 많이 따르고, 똑똑하다고 인정받는 학생이 첫 번째 답변을 하였다. 그리고 사전에 모의한 다른 학생들에게도 똑같이 물어본다. 물론 이들도 한결같이 "김구"라고 답변하였다. 이제는 이를 전혀 모르고 있는 학생에게 물어본다. 이 순간이 중요하다. 이 학생이 본 질문에 대해 이상한 점 또는 틀렸다는 사실을 제기하면 이 사전모의는 물거품이 된다. 그런데 재미난 것은 여러 번의 실험을 진행하였지만 대부분 난처한 표정

을 지으면서 다음과 같이 대답한다. "음, 김구입니다." 또는 "네, 같습니다." 분명 본 질문이 잘못되었음을 알고 있지만, 이 학생들은 다수의 흐름을 따라가고자 했다. 이것은 그 학생의 잘못이 아니다. 그동안 우리는 "중간에 줄을 서라"고 교육을 받지 않았는가. 모두가 "Yes"를 외치는데, 나만 "No"라고 할 수 없지 않은가.

정의와 옳음을 외치는 것이 두려운 것이 아니라 그 외침이 나 혼자라는 사실이 두려운 것이다. 이건 바로 '고양이 목에 방울 달기'와 동일하다. 다수의 사람들이 오답을 말하면 그것이 오답이 명확함에도 불구하고 다수의 의견을 따르게 된다. 설령 오답이라고 생각함에도 말이다. 그로 인해 나에게 돌아올 시선을 피하고 싶은 것이다. 이는 공개적 서약에서 더욱 뚜렷이 나타나게 된다. 즉, 사회적 동의가 이루어지면, 누구든 거기에 순응하게 만든다.

역사적인 사건 하나를 살펴보자. 1956년 제20차 소련공산당대회가 모스크바에서 열렸다. 스탈린이 죽은 뒤 처음 열린 당대회에서 서열 1위인 흐루시초프는 스탈린 격하 연설을 하게 된다. 스탈린 비판 연설은 그 당시에 매우 충격적이었는데 격정적인 본 연설이 끝난 후, 어디선가 "흐루시초프, 그러는 당신은 스탈린 치하 때 도대체 무엇을 했소?"라는 목소리가 들렸다. 흐루시초프는 목소리가 들린 곳을 바라보며 "누구인가? 신분을 밝히시오"라고 단호하게 외쳤다. 그리고 침묵만이 흘렀다. 잠시 뒤 그가 말을 이었다. "나 역시 그렇게 했소이다."

이러한 집단행동(collective action)은 어떻게 민심을 잃은 폭군이 오랫동안 수많은 사람들을 통치할 수 있는지를 보여준다. 『Art of Strategy(전략의 탄생)』의 저자 애비너시 딕시트(Avinash Dixit)와 배리 네일버프(Barry Nalebuff)는 이렇게 말한다. 집단이 동시에 행동을 개시하기 위해 필요한 의사소통과 협력은 결코 쉬운 일이 아니다. 왜냐하면 "누가 먼저 행동을 취할 것인가"의 공명심이나 명예 같은 '추상적인 가치'보다 '현실적 이익'이 중요하기 때문이다.

최근 우리 사회는 정의의 시대에 살고 있다. 마이클 샌델(Michael Sandel)은 그의 저서 『정의란 무엇인가』에서 정치철학적 질문을 던졌으며, 이는 우리 사회의 중요한 담론이 되었고, 큰 이슈가 되었다. 그리고 기업에게도 높은 도덕심을 요구하고 있다. 우리 사회는 주도자, 차단자, 지지자, 그리고 관찰자로 구성되어 있다. 주도자는 새로운 아이디어와 에너지를 불어넣는 사람이고 그 주도자 곁에는 이를 따르는 지지자가 있기 마련이다. 그렇지만 늘 지지자만 있는 것은 아니다. 차단자는 주도자의 시선과는 다른 시각으로 상황을 바라보며, 균형을 잡고자 한다. 그리고 다수의 관찰자가 존재한다. 이때 중요한 것은 차단자의 역할이다. 때론 주도자와 그의 지지자, 그리고 이를 지켜만 보고 있는 다수의 관찰자들이 사회의 올바른 흐름일 수도 있다. 그러나 늘 다수의 흐름이 올바른 것은 아니다. 다수가 정의라는 제러미 벤담(Jeremy Bentham)의 공리주의가 절대일 수는 없다. 우리 사회에서 들리는 차단자의 목소리는 비이성적인 행동이라는 홍수를 지탱해 주는 댐과 같은 역할을 하기도 한다. 차단자의 목소리가 다르다고 잘못된 것은 아니다. 그래서 '소통'이 중요하며, 토의와 토론이 필요한 것이 아니겠는가? 모두가 같은 생각을 가지고 있다면 토의와 토론이 왜 필요하겠는가? 차단자의 목소리가 악마의 대변인이라고 하더라도 그의 의견에 귀 기울일 줄 아는 성숙함이 필요하다. 설사 그 한 사람의 능력이 부족하고 가지지 못한 힘없는 자라고 하더라도 "저 임금님은 벌거벗었다"고 외칠 수 있는 용기가 필요하다. 오히려 아무것도 모르는 순수함과 어리석음이 정의일 수도 있다.

2012년에 개봉한 영화 〈어벤저스(The Avenrgers)〉가 전 세계에서 가장 흥행한 영화로 선정되었단다. 미국의 슈퍼히어로들을 모아놓고 우주 괴물과의 싸움에서 이긴다는 내용의 이 SF영화는 다분히 미국적 영웅주의를 보여주고 있다. 한 사람의 안타까운 죽음을 방관할 수밖에 없었던 평범한 일반인들이 이 영화를 보면서 대리만족을 느끼는 것은 아닐까?

우리는 지구를 구하는 영웅을 기대하지 않는다. 단지 먼 타지에서 생전 보지도 못했던 일본인을 살리기 위해 자신의 목숨을 바친 이수현 씨와 같은 의인들이 보고 싶다. 이러한 살신성인의 평범한 사람들이 바로 나의 목숨을 지켜주고 구해주는 진정한 영웅들이다. 당신이 위기의 순간에 영화 속 슈퍼히어로의 이름을 아무리 불러도 그들은 나타나지 않는다. 주위에 있는 사람들, 아니면 119구조대에게 도움을 청하라. 그들 중 한 사람이 여러분을 위기에서 구해주는 이 시대의 진정한 영웅이다.

왜 인간은 권위
앞에 복종하는가?

오른쪽의 사진을 잠깐 들
여다보자. 만약 당신이 군
인이라면, 이 가엾은 아이
를 죽일 수 있는가? 너무
직설적인 질문이라고 생각
하는가? 그렇다면, 전시(戰
時) 상황에서 당신은 복종
을 해야 하는 군인이고, 명
령에 의해 이 아이를 죽여

야 한다면 어떻게 할 것인가? 전시 상황에서 명령 불복종은 즉시 사형을 당할 수도 있다. 그래도 군인인 당신이 이를 거부하겠다면, 다음과 같은 상황은 어떻게 하겠는가? 당신은 전투기 조종사이고, 적군의 근거지에 폭격명령을 받았다. 그리고 이 근거지에는 민간인들이 함께 있는 상황이다. 이 사실을 조종사인 당신도 알고 있다. 당신은 폭탄 스위치를 누를 것인가?

1961년 예일대학교의 심리학과 교수였던 스탠리 밀그램(Stanley Milgram)은 충격적인 실험을 하나 진행한다. 그는 '징벌에 의한 학습효과'를 측정하는 실험에 참여할 사람들을 모집한 뒤, 이들을 교사와 학생으로 구분하였다. 그리고 교사 역할을 맡은 이들에게 학생(학생 역할을 맡은 이들)이 주어진 문제를 틀릴 경우, 전기충격 장치를 통해 벌을 내릴 것을 주문하였다. 이때 교사는 학생을 볼 수 없었으며, 다만 전기충격으로 인한 학생들의 비명소리만을 들을 수 있는 상황이었다. 학생이 문제를 틀릴수록 전기충격의 강도는 점차 강화되었다. 사실 이 실험은 '징벌에 의한 학습효과'가 아닌 '권위에 대한 복종' 실험이었으며, 학생의 역할을 맡은 피실험자는 사전에 고용된 배우였고, 전기충격 또한 가해지지 않았다. 그러나 본 실험의 결과는 가히 충격적이었다. 교사 역할을 맡았던 피실험자의 65%가 최고 전압인 450V까지 전압을 올린 것이다. 전압 볼트가 올라갈수록 학생의 비명소리는 더욱 높아지고 절규하였지만,

흰색 가운을 입은 실험자는 '모든 실험의 책임은 내가 진다'는 이야기와 함께 전압을 올릴 것을 강요하였다(위키백과, '밀그램 실험'의 내용 중 일부를 인용함. 본 실험에 대한 자세한 영상이 궁금하다면, http://soflon. blog.me/104929366을 참고하길 바람).

밀그램의 충격적 실험은 피실험자를 속였다는 비윤리성으로 인해 연구책임자인 그는 대학에서 해고를 당했다. 그러나 본 실험을 통해 전쟁에서 왜 인류가 그렇게 잔혹해질 수 있는지, 그리고 보통 사람들이 어떻게 변화될 수 있는지를 보여주었다. 이러한 복종과 순응은 여러 심리학 연구결과를 통해 일반적으로 다섯 가지로 그 원인을 정리할 수 있다.

첫째, 권위의 힘

둘째, 훈련을 통한 자동적인 습관

셋째, 사회적 동의(집단의 힘)

넷째, 가용적이지(보이지) 않은 것의 무서움

다섯째, 구경꾼 효과(bystander effect)

먼저 권위의 힘은 우리의 일상생활에서 쉽게 발견된다. 소위 사회적으로 인정받는 전문가 그룹이다. 법조계, 의료계, 교육계 등에서 활동하고 있는 권위자의 의견과 조언은 맹목적으로 따르거나 설령 잘못된 의견이더라도 쉽게 무시하지 못한다. 그러나 권위는 전문가 그룹뿐 아니라 전문가로 보이게 하는 외형적인 부분에도 영향을 미칠 수 있다. 밀그램 실험에서도 실험자는 모두 가운을 입고 있었는데, 이는 대표적인 권위의 상징이다. 유명세가 높은 공연은 티켓값이 비싸더라도 구입한다. 오히려 비싸다는 것이 권위의 힘이 되는 것이다. 둘째, 훈련을 통한 자동적인 습관은 군대, 경찰 등 위기상황을 해결하는 조직체에서 쉽게 찾아볼 수 있다. 훈련을 통한 습관은 세뇌 프로그램에도 적용된다. 셋째, 사회적 동의는 집단의 힘을 거스를 수는 없는 상황이다. 최악의 사이비 종교집단 범죄로 꼽히는 '존스 타운 집단자살 사건'은 교주를 맹신하는 측근부터 독극물을 주저 없이 마시면서 시작되었다. 그리고 무려 신도 914명이 순차적으로 독극물을 마셨다. 잘못된 집단 동조의 가장 무서운 점은 이것이 잘못되었다는 사실을 알고 있으면서도 쉽게 나서지 못하는 환경이 조성될 때다. 나와 같은 생각을 가진 다른 동조인이 얼마인지 알지 못할 때, 집단동조는 쉽게 깨지지 않는다. 넷째, 가용적이지 않은 것의 무서움, 쉽게 말해 보이지 않을 때의 무서움이다. 앞서 가정으로 살펴보았던 군인의 경우보다 조종사의 경우에 복종을 하기가 쉬워진다. 민간인의 피해사항을 직접 보지 못하기 때문에 명령에 복종했을 뿐이라는 반론이 가능하다. 전시 상황에서 전투에 직접 참여하는 군인보다는 작전을 계획하고, 명령을 전달하는 지휘계층은 보이지 않기 때문에 오히려 명령을 쉽게 내릴 수 있다. 마지막으로 구경꾼 효과는 직접적으로 가해자도 아니고 피해자도 아닌 상황이므로 그만큼 순응하는 데 심적 부담감을 가지지 않는다. 나의 일이 아닌 남의 일이기에 감성적 판단보다는 이성적 판단이 옳다고 생각한다. 방송에 나오는 전문가의 인터뷰에서 자신의 발언에 책임감을 가져야 하지만 설령 잘못된 발언이라도 책임을 지는 경우는 거의 없다.

　이러한 복종과 순응의 다섯 가지 원인이 올바른 방향으로 작동된다면 문제가 되지 않는다. 그러나 잘못된 방향으로 흘러가는 복종과 순응은 최소한의 인간성 파괴를 가져올 수 있다. 2004년 이라크 전쟁 때, 포로가 된 이라크 군인의 학대 사진들이 유포되면서 전 세계를 경악하게 만들었던 적이 있다. 특히 포로가 된 이라크 군인들을 발가벗긴 체 짐승처럼 취급하는 충격적인 장면들을 보면서 어떻게 인간이 저럴 수 있을까, 왜 한때 전쟁 영웅으로 치하 받던 저들이 잔인해졌을까를 고민하였다. 이 사건은 여성 군인까지 학대행위에 가담하면서 더욱 큰 충격을 주었다. 최근 우리나라 군대에서 발생한 수차례의 가혹행위는 잘못된 복종과 순응, 그리고 무관심이 어떤 결과를 초래하는지를 잘 보여준다.

　말콤 글래드웰(Malcolm Gladwell)의 『아웃라이어(Outliers)』를 통해 소개된 '비행기 추락에 담긴 문화적 비밀'에서는 1997년 228명의 목숨을 앗아간 비행기 추락사고를 다루고 있다. 다음의 사건을 통해 의사소통의 중요성이 얼마나 중요한지를 생각하고 혹시 나의 권위주의가 우리의 소통에 방해를 주지 않는지 반성해 보자.

1997년 8월, 대한항공 보잉 747(801편)은 김포공항을 떠나 괌을 향하고 있었다. 20분 후 괌 도착예정이었던 보잉 747의 조종석에서 이루어졌던 기장과 부기장의 대화 내용을 잠깐 살펴보자(블랙박스에 녹음된 본 대화 내용은 말콤 글래드웰의 『아웃라이어』의 일부를 인용하였다).

(기　장) "이게 괌이야……. 이거 괌이야, 괌! (웃음) 허허허, 괌 좋네."
(부기장) "6번 활주로 왼쪽으로 레이더 유도" (요청)

비행기는 괌공항을 향해 고도를 낮추기 시작했다. 기장은 육안으로도 착륙이 가능할 것 같다고 말했다. 그는 괌공항과 김포공항 사이를 여덟 번이나 운항한 경험이 있었기 때문에 공항과 그 주변 지형을 잘 알고 있었다. 랜딩 기어가 내려갔다.

(기　장) "와이퍼 온." (비가 오고 있었다)
(부기장) (혼잣말) "안 보이잖아?"

그는 활주로를 찾고 있었지만 보이지 않았다. 1초 후에 충돌 방지 장치에서 전자음성이 들려왔다.

(전자음 경고) "500피트."

그 위치에서 활주로가 안 보일 리가 있을까? 2초가 지났다.

(기   장) "어!"
(부기장) "착륙을 포기합시다."
(기   장) "안 보이잖아."
(부기장) "안 보이죠? 착륙 포기!"
(기   장) "올라갑시다. 고 어라운드(Go Around)." (착륙 포기)

하지만 그 비행기는 2초 후 공항의 남서쪽 4.8km 지점에 있는 야산 니미츠 힐의 언덕을 들이받았다.

이후 사고 조사팀은 블랙박스에 담긴 대화 내용을 분석하였고, 사건 경위를 아래와 같이 첨삭하였다.

(기　장) "이게 괌이야……. 이거 괌이야, 괌! (웃음) 허허허, 괌 좋네."

[사고 후 분석: 이건 착각이었다. 공항에서 32km나 떨어진 지점이었다.]

비행기는 괌공항을 향해 고도를 낮추기 시작했다. 기장은 육안으로도 착륙이 가능할 것 같다고 말했다. 그는 괌공항과 김포공항 사이를 여덟 번이나 운항한 경험이 있었기 때문에 공항과 그 주변 지형을 잘 알고 있었다. (기장은 풍부한 경험을 가지고 있었지만, 분명 이것은 착각이었다. 부기장 또한 기장의 경험을 믿고 있었을 것이다) 랜딩 기어가 내려갔다.

(기　장) "와이퍼 온." (비가 오고 있었다)
(부기장) (혼잣말) "안 보이잖아?"

[사고 후 분석: 육안에만 의존해서 착륙을 시도할 수 있는 상황이 아니었다. "기상 레이더에 뜬 걸 보세요. 계속하면 문제가 생길 수 있습니다." 부기장은 이렇게 이야기해야 했다. 그러나 베테랑 기장의 경험과 지위를 고려해볼 때, 부기장이 선뜻 이야기할 수 없었을 것이다.]

그는 활주로를 찾고 있었지만 보이지 않았다. 1초 후에 충돌 방지 장치에서 전자음성이 들려왔다.

(전자음 경고) "500피트."
(기　장) "어!"
(부기장) "착륙을 포기합시다."

[사고 후 분석: 이 시점에서 부기장이 조종권을 넘겨받고 조종간을 당겼더라면, 니미츠 힐에 충돌하지 않고 재착륙을 시도할 수 있는 충분한 여유가 있었음이 확인되었다.]

(기　장) "안 보이잖아."
(부기장) "안 보이죠? 착륙 포기!"
(기　장) "올라갑시다. 고 어라운드(Go Around)," (착륙 포기)

2초 후, 대한항공 801편은 야산을 들이받고, 탑승객 254명 중 228명이 사망했다.

수천억 재산가의
달콤한 제안

몇 년 전 국내에서 〈시크릿 가든〉이라는 드라마가 흥행한 적이 있다. 재벌가의 잘생긴 도련님과 액션배우 지망생인 예쁘지만 가난한 아가씨의 몸이 서로 바뀌게 되면서 생기는 해프닝이 주요 설정이다. 그리고 결국에는 결혼하여 잘 살게 된다는 전형적인 해피엔딩의 결말을 보여주었다. 본 드라마로 인해 주인공인 현빈뿐 아니라 OST 등도 엄청난 신드롬을 불러일으켰다.

만약 이러한 가상의 설정이 우리에게 주어진다면 어떻게 될까? 이렇게 상상해 보자. 어느 날, 수천억 재산가가 다음과 같은 제안을 하였다.

수천억 재산가의 제안에 대한 당신의 대답은?

"이봐, 젊은이. 보다시피 나는 70대의 늙은이지만, 사회적으로는 꽤 성공한 편일세. 내 이름 석 자는 누구나 알고 있지. 내가 가진 재산만 수천억이 넘는다네. 모두 나를 두고 성공했다고 말하지. 그리고 나를 존경해. 그런데 나도 가는 세월은 어쩔 수가 없구먼. 그래서 말인데…… 자네의 육체와 나의 육체를 바꾸지 않겠나, 어때? 자네는 내가 가진 모든 걸 가질 수가 있네."

이런 가상의 설정에 대해 20대 대학생들은 어떻게 대답을 할까? 종종 필자의 수업을 듣는 대학생들에게 물어보곤 한다. 그럼 학생들은 대답을 하기 전에 다음과 같이 나에게 물어본다.

"교수님, 그 재산가가 건강한가요?"

"재산가의 정확한 나이가 어떻게 되죠?"

"설마 내일 죽지는 않겠죠?······"

이런 질문을 하는 학생들의 궁금증은 그 재산가가 얼마나 더 오래 살 것인가에 무게를 두고 있다. 나는 학생들에게 다시 반문한다.

"여러분도 내일 갑자기 죽을 수 있지 않나요? 사고가 날 수도 있고. 언제 죽을지는 아무도 모르잖아요."

그래도 학생들은 집요하다. 누구나 죽지만 기대수명이라는 것이 있으니까, 젊음을 가진 나의 육체를 포기하는 대신 그 재산가가 가진 것을 얼마나 오랫동안 향유할 수 있는가가 중요하다는 것이다.

학생들에게 본 질문에 대해 손을 들게 하면 대부분의 학생은 거절한다고 답한다. 평균 10명 중 8명 정도가 거절하는 것으로 조사되었다. 왜 거절을 택했는지를 물어보면, 자기가 이룬 성취가 아니기 때문이란다. 그렇다면 이렇게 반문한다.

"여러분이 스스로 노력해서 얻고 싶은 것이 돈, 명예, 존경······ 이런 게 아닌가요? 이걸 한순간에 얻을 수 있는 기회가 왔잖아요. 과연 여러분이 좋은 직장에 들어가서 열심히 일한다 해도 30년 뒤에 이처럼 많은 재산을 모을 수 있을까요?"

　그래도 학생들은 자신이 평생 노력해서 재산가처럼 엄청난 부와 명예를 가질 수는 없겠지만, 스스로 노력하여 무언가를 성취하고 싶다는 이야기를 전한다. 스스로 성취했는지가 중요하다고 말한다. 학생들과 이런 대화를 나누면서 드는 생각은 우리 사회가 젊은이들에게 기회와 희망을 제공해야 한다는 점이다. 최근 세계 가치관 조사(World Values Survey)에서 한국, 중국, 일본, 독일, 미국의 20대 가치관에 대한 조사결과가 발표되었다. 이 중 한국의 20대는 '함께 잘 살 수 있다' 또는 '열심히 일하면 생활이 나아진다'라는 믿음과 기대가 다른 나라에 비해 높지 않다고 한다. 재벌가의 자녀들과 서민층의 자녀들에게 똑같은 기회가 제공되지는 않겠지만, 부유한 가정에서 태어나지 않았다고 성공할 수 없다는 절망을 주어서는 안 될 것이다. 자녀만은 열심히 공부시켜 이 가난을 대물림해주지 않겠다고, 최소한 본인보다 더 나은 삶을 살기를 기도하는 모든 부모의 희망을 저버리는 사회가 되어서는 안 된다. 누구나 공정한 사회를 꿈꾸고 있다.

본 이야기에 대한 아이디어는 황농문 교수의 저서 『몰입』에서 얻었다. 수업시간에 답한 학생들의 생각을 본 책에서는 아래와 같이 정리하였다. 젊은이들에게 일독을 권한다.

죽음을 통해서 다시 읽은 삶의 의미

"나는 언젠가는 죽는다. 우리는 태어날 때부터 죽음을 향해 질주한다. 이 숙명을 어떻게 받아들일 것인가? 죽음에 대해서 내가 저항할 수 있는 것은 무엇인가? 내가 살아 있는 시간이 유일한 기회이고, 이 삶의 기회를 잘 보내느냐 그렇지 못하느냐는 나한테 달려 있다. 서서히 다가오는 죽음에 대하여 내가 할 수 있는 최선은 살아 있는 동안 가장 삶다운 삶을 사는 것이다. 죽음과 다르지 않은, 살아도 산 것 같지 않은, 죽지 못해서 살아가는 삶이 아니라 죽음과 가장 반대되는 삶을 살아야 하는 것이다. 하루하루가 생동감 넘치고 삶의 희열로 꽉 찬, 그리고 작지만 내가 가진 모든 능력을 최대로 발휘하는 그러한 삶을 살아야 하는 것이다."

공정성
vs.
경제민주화

요즘 대한민국은 경제민주화로 시끄럽다. 경제민주화를 찬성하는 측과 경제성장이 먼저라는 의견이 팽팽하다. 경제민주화를 찬성하는 측은 경제민주화와 경제성장은 별개의 문제가 아닌 상호 시너지를 낼 수 있다고 생각한다. 반면에 경제성장을 강조하는 측은 경제민주화가 필요하다고 말하면서도 우선순위의 문제를 이야기한다. 즉, 경제성장을 통해 기업의 투자를 이끌어내어 일자리 창출 등이 선행되어야 한다는 것이다. 어느 것이 틀렸다고 말하기는 힘들지만, 경제민주화가 불거진 이유를 먼저 생각해 본다. 이는 결국 공정성에서 시작된 것이 아닐까? 대기업 일감 몰아주기, 납품단가 후려치기 등 불공정 관행과 관계가 커지면서 시작된 것이다. 이 공정성이 무엇이길래…… 이리도 시끄러울까?

공정한 사회와 관련하여 유명한 일화가 있다. 〈누가 백만장자가 되고 싶어 하는가?(Who wants to be a Millionaire?)〉라는 유명한 TV 프로그램이 있었다. 꽤 유명하여 미국과 유럽, 국내에서도 비슷한 프로그램이 진행된 적이 있다. 본 프로그램의 프랑스판 퀴즈쇼에서 한 참가자에게 다음과 같은 문제가 주어졌다.

"지구를 도는 것은 무엇입니까?"
(A) 달   (B) 태양   (C) 화성   (D) 금성

사실 너무나 쉬운 질문이다. 그러나 그 참가자는 머리를 숙인 채 골똘히 생각에 잠겼다. 그리고 당황하기 시작했다. 결국 참가자는 방청객 찬스를 쓰고 만다. 그런데 이상한 것은 방청객 중 42%만이 정답인 '달'을 선택하였고, 무려 56%가 '태양'을 선택하였다는 것이다. 결국 참가자는 오답이지만 다수가 제시한 '태양'을 선택하고 만다. 왜 이런 현상이 발생했을까? 『스웨이(Sway)』의 저자 오리 브래프먼(Ori Brafman)과 롬 브래프먼(Rom Brafman)은 다음과 같이 지적한다. "방청객이 보여주는 건 무지가 아니다. 공정성에 대한 인간의 비이성적인 지각이 의사결정을 극적으로 뒤흔들어 놓을 수 있다는 것이다." 다시 말해 방청객이 잘못된

답을 제시한 건, 이 정도의 쉬운 질문도 알지 못하면서 어떻게 퀴즈쇼의 승리자가 되어 100만 유로를 받을 자격이 될 수 있느냐는 것이다. 방청객은 이것이 공정하지 않다고 생각한 것이다.

만약 이런 상황이 국내에서 벌어진다면 어떻게 될까? 여러분이 방청객의 입장이라면 과연 정답을 제시할 것인가? 아마도 이러한 질문은 공정성을 바라보는 국가와 문화에 따라 달라질 것이다. 러시아의 경우에는 사회주의 국가가 붕괴되면서 천연자원을 이용하여 막대한 부를 축적한 대기업에 대해 공정하지 못하다는 인식이 많다. 상대적으로 미국은 부자에 대한 시선이 매우 관대한 편이다. 그렇다면 우리나라에서는 부자에 대해 어떤 시선을 가지고 있을까? 세계적 PR회사인 에델만에서 조사한 한국기업들의 신뢰도지표조사를 살펴보면, 한국기업은 글로벌 평균인 58%보다 낮은 46%에 그쳤다. 또한 한국기업에 대한 불신은 인도, 브라질, 중국, 러시아와 함께 저신뢰국가로 분류된다. 이는 국내외적으로 한국기업의 신뢰가 매우 낮음을 보여준다. 부자의 대표격인 기업가에 대한 시선이 이러한데 다른 부자에 대한 인식은 어떨까? 결국 우리나라 사람들의 대기업을 바라보는 시선은 '애증의 관계'로 요약될 수 있지 않을까? 수많은 젊은이들이 수천억 재산가의 제안은 거절하지만 대기업에는 들어가고 싶어 하니 말이다.

공정성에 대한 또 다른 사례를 살펴보자. 심리학 실험에서 매우 유명한 실험이 있다. '최후통첩 게임(ultimatum game)'이라고 불리는 이 게임은 서로 전혀 알지 못하는 두 사람을 두고 한 실험자가 만 원을 제시한다. 이 돈은 실험에 참가한 한 사람(A)에게만 전달되며, 이 돈을 다른 사람(B)에게 나누어줄 수 있다고 전한다. 얼마를 줄 것인지는 돈을 받은 사람 즉, A가 결정하도록 한다. 이 모든 사실은 B도 알고 있으며, B는 주어진 돈을 받을 것인지 아니면 거절할 것인지를 결정할 수 있다. 만약 B가 주어진 금액을 거절하면, 만 원은 회수되어 두 사람 모두 돈을 받을 수 없다. 서로는 절대 이야기를 나눌 수 없는 상황이다. 이 실험은 전 세계를 대상으로 수백 번 진행되었으며, 금액도 다양하게 주어졌다. 그러나 대부분의 실험에서 주어진 금액의 최소 30% 이상이 상대방에게 배분되었다. 만약 이보다 적은 비율의 돈이 제시된다면, 돈을 받게 되는 실험자인 B는 공평한 몫에 대해 화를 내며 돈 받기를 거부했다. 결국 두 사람은 모두 빈손으로 돌아가야 했다.

경제학적 관점에서 본다면 이는 몹시 비이성적 행동이다. 왜냐하면 얼마의 돈을 받든지 나에게는 공돈이 생긴 상황이므로 이는 무조건적으로 받아들여야 한다. 그러나 본 실험을 통해 나에게 돌아오는 금액보다 더 중요한 것은 이 과정에 대한 공정성이다. 베르너 구트(Werner Guth)가 1982년에 소개한 이 최후통첩 게임은 그 후 다양하게 실시되었으며, 가장 주목할 만한 최근의 실험은 2007년 존 리스트(John A. List)의 실험이다. 이 실험에서는 두 사람 모두가 실험에 참가하기 전, 어느 정도의 노동을 해야 했으며, 이후 실험이 진행되었다. 다시 말해 실험에 참가한 사람들에게 주어진 돈은 일종의 노동에 대한 대가로 인식된 것이었다. 실험의 결과, 더 공평한 비율로 돈이 배분되었다. 이는 자신이 땀 흘려 번 돈은 자신에게도 중요하지만 남에게도 중요하다는 인식이 높으며, 이로 인해 공정성이 더욱 높아짐을 시사한다.

　누구나 땀을 흘려 일한 노동의 대가는 중요하다. 그리고 노력에 대한 보상은 공정해야 한다. 사회에 진출하고 싶은 수많은 젊은이들과 구직자들은 자신의 손으로 꿈을 일구고자 갈망한다. 이들이 사회에 진출해서도 자신의 노력을 믿고 최선을 다해주기를 바란다. 공정성에 대한 믿음이 오염되지 않기를 바란다. 결혼, 주택 마련, 자녀 양육 등 나이가 들어갈수록 돈 쓸 곳도 많아지겠지만 검은 돈의 유혹에 넘어가지 않기를 희망한다. 그래서일까? 가끔 로또 1등 당첨 편의점에 가보면 40~50대 아저씨들이 참 많다. 어떻게 아느냐고? 사실 나도 돈이 궁할 때 로또 생각이 난다. 안 될 줄 알면서도 하는 게 로또 아닌가!

　결국 경제민주화는 공정성의 문제다. 로또 당첨보다 더 되기 힘든 것이 재벌인지는 모두가 알고 있다. 우리가 언제 재벌이 되기를 희망하는가? 단지

우리 사회는 얼마나 공정한가?

공정해지기를 바랄 뿐이다. 공정한 사회가 조성된다면 경제민주화는 거론되지 않는다. 정치민주화는 1인 1투표제다. 가진 것과 상관없이 대한민국 국민이면 누구나 한 표다. 공정하다. 그런데 경제민주화는 투표로 결정될 일도 아니고, 다수의 힘으로 몰아붙일 일도 아니다. 그래서 경제민주화는 불가능할지도 모른다. 특히 경제문제는 돈 문제로 연결되니 더욱 어렵고 복잡하다. 돈 문제는 절대적 기준이 아니라 상대성이다. 1억을 버는 사람들에게 보너스로 10만 원을 주는 것보다 100만 원을 버는 사람에게 10만 원을 주는 것이 돈의 가치가 높아진다. 결국 경제민주화의 공정성은 돈의 많고 적음을 떠나 노력에 대한 기회와 보상체계의 형평성이다. 만 원을 주더라도 기분 좋게 받을 수 있는 것, 이것부터 시작되어야 한다. 이 사람이 나를 배려하고 있구나! 이 기업이 우리를 배려하고 있구나! 이 사회가 국민을 배려하고 있구나!

배려를 통해 존경과 사랑을 받는 사람, 기업, 사회에서 어찌 민주화 탓을 하랴!

배려에 대한 위험한 실험

배려란 도와주거나 보살펴 주려고 마음을 쓰는 것을 말한다. 배려가 참 어려운 것은 상대방에 대한 진정성(眞情性)을 보여주어야 하기 때문이다. 진실로 상대방을 도와주거나 보살펴 주려는 마음인데 이를 실천하기란 참으로 어렵다. 수업시간에 배려를 이해하기 위해 두 명의 남학생을 강단으로 나오게 한다. 그리고 매우 위험한 실험 하나를 진행한다. 2명의 남학생에게 매우 위험하니 각별히 주의해야 함을 여러 번 인지시킨다. 남학생 한 명은 양 팔을 벌리고 무릎을 굽히지 않은 채, 그대로 뒤로 넘어간다. 마치 뒤쪽에 물이 있거나 푹신푹신한 매트리스가 있는 것처럼. 그러나 뒤에는 어떠한 안전장치도 없다. 다만 한 발쯤 뒤로 물러선 또 다른 남학생이 떨어지는 동료를 잡아주어야 한다. 정말 위험하게 보이는 본 실험은 사실 위험하지 않다. 뒤에 서 있는 남학생은 실제로 뒤로 넘어지는 남학생의 바로 뒤에 있기 때문에 반쯤 떨어지기 전에 붙잡는다. 그러나 떨어지는 남학생은 매우 위험하다고 생각할 수 있다. 뒤 상황이 보이지 않기 때문이다(보이지 않는 두려움이다). 그러므로 뒤에 있는 동료에 대한 믿음이 있어야 한다. 본 실험이 끝나고 뒤로 넘어진 남학생에게 물어본다.

"혹시 불안하거나 두렵지는 않았나요?"

"아니요. (동료가) 잘 잡아 줄 거라고 믿었어요."

배려를 위해서는 진심이 통해야 한다.

선거인가,
로또 추첨인가?

2010년 6월에 시도별 교육감 선거가 이뤄졌다. 한 지역의 광역시 교육감 선거에서 1번 후보자가 당선되었는데, 지역 언론보도에서는 본 선거 결과에 대해 후보 난립에 의한 순번 효과가 결정적 영향을 미쳤다는 기사를 게재하였다. 과연 이것이 사실일까? 이를 알아보기 위해 학생들을 대상으로 '순위 효과'에 대한 작은 실험을 하나 진행하였다.

학생들에게 배포된 자료에는 교육감 후보자의 사진, 나이, 학력, 현직, 주요 경력과 함께 후보자들의 교육 쟁점별 5대 현안(초·중 전면 무상 급식 실시, 수능성적 공개, 교장 공모제 대상을 교사까지 확대, 교원단체 명단공개, 교원평가제를 인사 및 보수와 연계)에 대한 입장과 견해가 정리되어 있었다. 후보자 이름은 기재되지 않았으며, 후보의 번호는 교육감 후보와 달리 무작위로 배정하였다. 학생들에게 3~4명씩 그룹을 이루어 배포된 자료를 꼼꼼히 읽게 한 후, 후보자에 대한 자료를 바탕으로 어느 후보자가 가장 적합한지에 대한 그룹별 토론을 펼치게 하였다. 토론이 끝난 후 교육감 선거에 대한 모의투표가 진행되었다. 본 실험은 지난 3년간 다양한 학생들을 대상으로 진행되었으며, 약 200여 명의 학생들이 참가하였다. 조금 놀라운 사실은, 200여 명의 학생 중 상당수가 지금까지 현재 본인이 살고 있는 지역의 교육감이 누구인지를 모르고 있다는 것이다. 물론 타 지방 학생들도 약 30% 정도가 되었지만 말이다. 본 실험을 위해서는 참 다행스러운 일이지만, 지방의 교육을 책임지고 있는 교육감 선거에는 관심이 없다는 안타까운 사실을 단적으로 보여주고 있다.

모의투표 결과, 현 교육감을 선택한 투표자는 약 10% 정도였다. 진보로 평가되는 후보자에게 약 30%의 지지를 보냈지만, 보수로 평가되는 나머지 후보자들에게도 고른 지지율을 보여주었다. 물론 본 모의투표 결과는 어디까지나 실험일 뿐이다. 20대 학생들만을 대상으로 하였고, 순전히 그들의 개인적·정치적 성향이 반영된 결과다. 또한 학부모의 입장이 아니기에 교육 현안에 대한 이해가 낮거나 후보자를 바라보는 시선이 다를 수도 있다.

2010년도 한 지역의 교육감 선거 과정에서 동네 곳곳에 걸린 현수막이 생각난다. '롯데의 4번은 이대호, 교육감 4번은 ○○○'(롯데자이언츠는 부산 지역에 연고를 둔 프로야구팀이다) 현수막 내용을 보면서 웃었던 기억이 난다. 대부분의 후보자 현수막이 이러했다. 자신의 공약이나 브랜드를 알리는 내용보다는 후보자의 선거 번호를 이용하였다. 아마 그때의 후보자들도 후보 번호가 얼마나 중요한지를 깨달았기 때문이 아닐까. 오죽했으면 후보자의 번호를 결정하는 추첨식에서, 1번을 배정받은 후보가 마치 로또에 당첨된 것처럼 기뻐했을까? 경력보다 순번이 표심을 움직이는 것은 분명한 사실로 보인다. 이는 2010년 5월 27일에 보도된 신문기사의 내용에서도 확인할 수 있다. 후보자의 직책이 배제되고 후보자의 이름만 제시된 지지율 조사에서 순위 첫 번째와 두 번째의 후보자가 이전에 비해 지지율이 상대적으로 높아졌으며, 이는 경력 등에 대한 후광효과가 옅어지고, 순위효과가 강해졌음을 이야기하고 있다.

이는 코펠(Koppel)의 2004년 연구(기호와 당선 가능성에 관한 논문) 결과를 통해서도 증명되었다. 본 연구에 의하면 첫 번째로 기재된 후보자는 약 3.5p만큼 유리한 입장이 된다는 것이다. 이러한 효과는 대통령 선거에서처럼 후보자들이 잘 알려진 경우에는 비교적 적지만, 후보자들의 이름이 거의 알려지지 않았거나 언론매체에서 크게 다루어지지 않는 경우에는 훨씬 더 커질 수 있음을 밝혔다. 이는 보수 또는 진보와 같은 비슷한 정치적 성향을 가진 후보자들이 단일화하는 것이 왜 중요한지를 단적으로 보여주고 있다. 이러한 단일화 과정은 언론매체를 통해 알려지고 또한 그 후보자의 공약을 더욱 부각시킬 수 있다. 수많은 지방선거에서 수도권에 있는 거물급 인사가 왜 후보자로 발탁되고, 어느 정치정당의 공천을 받는 것이 유리한지를 씁쓸하게 보여준다.

또한 우리는 선거에서 수많은 흑색선전과 상대 후보자에 대한 비방을 볼 수 있다. 상대 후보자에 대한 인정과 칭찬은 거의 들어본 적이 없다. 왜 그럴까? 자넬 발로(Janelle Barlow)와 클라우스 뮐러(Claus Muller)가 쓴 『불평하는 고객이 좋은 기업을 만든다』에서 나쁜 소문과 좋은 소문의 확산비교에 대한 연구결과가 소개되었다. 연예인의 입양소문(좋은 소문)은 단지 17%만이 전파된 반면, 연예인의 자살소문(나쁜 소문)은 같은 기간에 83%가 전파된다는 것이다. 약 5배 정도 빨리 확산된다. 다시 말해 사람들은 좋은 소식보다 나쁜 소식에 더욱 민감하고 주목하며 더 많은 소문을 낸다는 것이다.

좋은 소식보다는 나쁜 소식이 더 많은 언론기사를 보면서 때론 염증이 나지만, 이것이 언론매체의 탓인지 아니면 나쁜 소식에 더 주목하는 사람들 탓인지는 판단할 수 없다. 언론매체의 역할은 사실을 전달하는 것이므로 좋은 소식이든 나쁜 소식이든 이를 사실적으로 전달하는 것이 목적이니까. 또한 한정된 시간과 지면 내에서 모든 사실을 전달할 수는 없으니, 사람들이 관심을 가질 만한 내용만을 선별해서 전달하는 것이 맞을 수도 있겠다.

그러나 우리가 주목할 점은 인간의 비합리적 의사결정의 주범인 가용성 오류(availability error)다. 이는 일종의 선입견이다. 자신이 잘 알고 있거나 자신에게 유리하다고 생각하는 정보에 민감하거나 또는 자주 노출되는 정보로 인해 발생하는 오류적 판단을 일컫는다. 자신이 잘 알고 있다고 믿는 순간, 어떠한 과학적 데이터도 소용없게 만든다. 특히 전문가들은 자신이 믿고 있는 가치를 쉽게 버리지 못한다. 자신이 믿었던 모든 가치(이념, 신념 등)가 한순간에 무너지기를 원치 않기 때문이다.

수많은 선거를 보면서 어쩌면 사람들의 이성적이고 합리적인 의사결정을 기대하는 것이 무리일 수도 있다. 후보자의 번호만을 보고 무의식적으로 찍거나, 자신이 좋아하는 여론만을 보고 듣거나, 좋은 면보다는 나쁜 면에만 주목하면 말이다. 그리고 이를 이용하려는 사람들도 존재하니 쉽지 않다. 그러나 선거가 자주 있는 일은 아니다. 몇 년 만에 돌아오는 선거, 그리고 세상에서 가장 공평한 '1인 1투표'의 의미를 생각해 본다면 그 순간만은 조금만 더 합리적인 의사결정을 내릴 필요가 있지 않을까. 선거의 결과가 우리에게 어떠한 이득을 줄 것인지를 냉정하게 판단해야 할 것이다. 다음의 유명한 경제학 속설처럼.

"영원한 친구는 없다. 단지 영원한 이득만이 존재할 뿐이다."

똑똑한 당근,
클린 법안 게임

지금부터 여러분은 여당 또는 야당에 소속되어 있는 국회의원이다. 어느
날 어떤 억만장자로부터 다음과 같은 제안을 받았다.

"저는 선거자금 개혁이 반드시 이루어져야 한다고 생각합니다. 이에 개인의 정치
후원금 한도를 현재 1,000만 원에서 최고 5,000만 원으로 올리되, 다른 일체의 기부
금 또는 후원금은 모두 금지하는 클린(Clean) 법안을 제안합니다. 본 개혁안이 의
회에서 부결되면(통과되지 못하면), 해당 법안에 찬성표를 더 많이 던진 정당에게 1
조 원을 드리겠습니다. 그리고 본 제안은 두 정당에게 동시에 전달되며, 언론을 통
해서 전 국민에게 선포하겠습니다."

　만약 여러분이 다수를 차지하고 있는 여당의 국회의원이라면 본 제안을 어떻게 받아들일 것인가? 또는 야당의 국회의원이라면 본 제안을 수락할 것인가? 이러한 개혁안을 승인해야 할 현직 의원들은 여야를 막론하고 신중하게 대처할 수밖에 없다. 왜냐하면 이미 여러 모금활동을 통해 유리한 고지를 차지하고 있는 현직 의원들에게 이러한 개혁 법안은 선거자금 마련에서 자칫 불리해질 수 있기 때문이다. 기득권의 상실이다. 그런데 또 한 가지 문제점은 본 개혁안이 전 국민에게 알려질 상황이므로 소속 당의 공식적 입장이 매우 조심스럽게 된다. 만약 당의 공식적 입장을 통해 본 개혁안에 반대하게 되면, 부정한 당으로 인식되어 여론이 불리해질 수 있으며 이는 선거에 직접적인 영향을 받을 수 있다. 더 큰 문제점은 소속 당이 반대하여 본 법안이 통과되지 못할 경우, 찬성표를 던진 다른 당은 1조 원이라는 풍부한 자금력이 생기게 된다. 이러한 미묘하면서도 조금 복잡한 상황을 그림으로 표현해 보자.

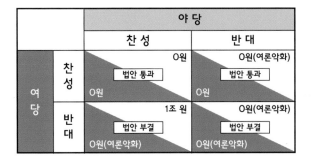

우리나라의 정치적 상황을 고려하여 여당의 국회의원 수가 과반을 차지하고 있으며, 여당만으로도 본 법안을 통과시키거나 부결할 수 있는 상황이라고 전제해 보자. 물론 반대의 상황도 연출될 수 있다.

우선 야당의 입장을 고려해 보자. 만약 여당에서 찬성한다면 야당은 찬성을 해야 할까, 아니면 반대를 해야 할까? 앞의 그림을 살펴보면, 명확해진다. 야당은 무조건 찬성해야 한다. 왜냐하면 여당에서 찬성할 경우, 야당이 반대를 하더라도 법안은 통과될 것이며, 반대를 한 야당은 여론이 악화되어 선거에서 질 것이 뻔한 상황이다. 그러니 좋든 싫든 무조건 찬성해야 한다. 그렇다면 여당이 반대한다면 야당은 어떻게 해야 할까? 이 경우에도 야당은 무조건 찬성해야 한다. 여당이 반대하게 되면 본 법안이 부결될 것이므로 같이 반대해서 비난의 화살을 함께 맞을 필요가 없다. 더 중요한 것은 여당이 반대하여 본 법안이 부결될 경우, 야당은 찬성표를 던져서 1조 원이라는 정치자금도 확보하고 여론도 좋게 형성된다. 그야말로 일석이조가 아니겠는가! 자, 그렇다면 야당의 입장은 명확해진다. 여당이 찬성하든 반대하든 야당은 무조건 찬성하는 것이 유리하다. 그리고 이 사실을 여당도 알고 있다. 그렇다면 여당은 어떻게 해야 할까? 만약 반대하게 되면 개혁 법안이 부결되겠지만(그들의 기득권은 보호되겠지만), 야당에게 1조 원이 주어지고 게다가 뭔가 뒷돈을 챙기는 당으로 여론이 형성되면서 선거에서 질 확률이 높아진다. 그렇다고 찬성하게 되면 법안이 통과되어 자신들의 기득권을 상실할 수도 있다. 그러나 여당의 입장에서는 돈도 잃고, 선거에서도 진다면 모든 것을 한순간에 잃는 것이다. 결국 여당의 입장에서도 찬성을 던질 수밖에 없다. 그러므로 본 개혁 법안은 통과된다. 여기서 하나 더. 억만장자는 통 큰 배팅을 하고도 한 푼도 쓰지 않게 된다. 법안이 통과되면 돈을 줄 필요가 없기 때문이다.

정말 똑똑하고 현명한 제안이지 않은가! 정말 이런 일이 일어날 수 있을까? 본 클린 법안은 '오마하의 현인'으로 불리는 워런 버핏(Warren Buffet)이 미국 언론사에 투고한 사설을 조금 각색한 것이다. 대단하지 않은가! 왜 그가 투자의 귀재인지를 알 수 있게 해주는 대목이다. 물론 그의 제안은 사설을 통해 이권 다툼을 일삼고 있는 정치에 대한 통렬한 비판이 목적이었기 때문에 실제로 본 법안은 상정되지도 않았고, 정당에서 그의 제안을 받아들이지도 않았다.

본 사례에서 우리는 다음과 같은 전략적 시사점을 생각해 볼 수 있다. 먼저 후원금을 주는 조건으로 클린 법안이 부결되었을 때, 찬성표를 더 많이 던진 정당에게 1조 원을 주겠다고 제안한 점이다. 왜 클린 법안이 통과되면, 찬성표를 더 많이 던진 정당에게 후원금을 주겠다고 제안하지 않았을까?

흔히 새로운 정책을 도입할 때 인센티브(보상금)를 제공하게 된다. 인센티브라는 유인책을 통해 강력한 저항 혹은 반대를 무마시키거나 협상을 유리하게 이끌어갈 수 있다. 그러나 인센티브 제도가 항상 올바른 것은 아니다. 인센티브는 오히려 인간의 이타심을 이기심으로 바꾸는 요인이 된다. 너무나 유명한 일화를 하나 소개한다. 어느 유치원에서 하교 시 부모들의 잦은 지각으로 인해 아이들을 계속 돌보아야 하는 상황이 연출되었다. 하는 수 없이 유치원에서는 부모들이 지각을 하지 않고, 제 시간에 아이들을 데리고 가도록 지각에 대한 벌금을 부여하였다. 처음에는 부모들의 반대가 있었지만, 결국 본 제도가 시행되었다. 그 이후에 부모들은 시간을 제때 지켰을까? 아니다. 반대의 상황이 연출되었다. 이제 부모들은 지각에 대한 벌금을 내게 됨으로써 오히려 그들의 지각이 정당화된 셈이었다. 늦음에 대한 미안함이 전혀 사라진 셈이다.

우리의 뇌 속에는 이타중추와 쾌감중추가 있는데, 이는 동시에 가동될 수가 없다. 즉, 남을 돕거나 국가의 권익에 도움이 된다고 생각할 때 이타중추가 발생하는데, 이때 돈이 개입되면 이타중추가 사라지고 쾌감중추가 발동된다. 돈의 금액이 자신의 인생을 역전시킬 만큼이 되지 않으면, 쾌감중추는 만족되지 않는다. 결국 이타적 관점과 이기적 관점, 둘 중 하나의 관점으로 과제에 접근한다. 이때 이타적 관점이 아닌 이기적 관점의 엔진을 돌리기 위해서는 훨씬 큰 노력과 보상이 들어가야 한다. 『당근과 채찍(Carrots and Sticks)』의 저자 이언 에어즈는 다음과 같이 이야기하고 있다. "당근(인센티브)의 경우는 규범이 유지되는 동안 계속 제공돼야 하는 반면, 채찍의 경우는 규범이 유지되기 시작하면 실제로 사용될 필요 없이 오직 위협만으로도 실행 가능하다는 점에서 큰 차이가 난다. 다시 말해 채찍은 일단 유효성만 확인되면 그 자체로 거의 비용이 들지 않는다." 이는 인센티브(당근) 제도가 지속적으로 유지되기 위해서는 더 많은 당근이 필요하며, 한 번 당근을 맛본 사람들은 다음에는 더 큰 당근을 요구한다는 것이다. 그리고 주어지는 당근의 크기에 따라 만족도가 달라진다는 것이다.

1조 원을 주겠다는 제안은 얼핏 당근으로 보이지만, 법안이 부결된다는 조건으로 인해 돈은 당근이 아닌 채찍으로 변화되었다. 왜냐하면 앞의 그림을 통해서도 살펴보았지만 여당의 입장에서는 어떠한 상황이 되어도 1조 원을 받을 수가 없다. 1조 원의 돈은 야당에게 주어질 가능성이 높으므로, 이는 야당의 입장에서는 당근이 될 수 있지만 이를 받지 못하는 여당의 입장에서는 더 가혹한 채찍이 되는 셈이다. 이 영리한 전략은 게임전략에서 너무나도 유명한 '죄수의 딜레마'와 똑같은 상황이다. 만약 두 명의 죄수가 서로를 신뢰하고 상호 의견을 교환할 수 있었다면 두 죄수 모두 자백을 하지 않게 되어 아주 가벼운 처벌만 받았을 것이다. 마찬가지로 만약 두 정당이 서로 신뢰하고 상호 의견을 나누게 된다면 어떻게 될까? 애석하게도 이 경우에는 두 정당이 서로 약속이나 한 듯 법안에 대해 반대할 확률이 높아진다. 왜냐하면 결국 본 법안이 통과될 것이 뻔한 상황이므로 차라리 두 정당이 모두 욕을 먹더라도 법안이 부결되도록 반대표를 던질 것이다. 우리 당만 여론이 악화되는 것은 아니니까 그들의 입장에서는 손해 볼 것이 없다. 그리고 기존의 후원금을 유지할 수 있다.

만약 본 법안이 통과되었을 때 1조 원을 주겠다고 선언하였다면, 1조 원은 당근이 된다. 더 큰 금액을 공개적으로 요구할 수는 없겠지만, 두 정당은 아마 이런 발표를 하였을 것이다.

"우리 당은 국민의 사랑과 관심이 더욱 중요합니다. 우리 당을 돈만 밝히는 당으로 생각하지 마십시오. 돈 때문에 본 법안을 통과시킨다면, 이는 국민의 약속을 저버리는 것입니다. 그러므로 우리 당은 본 제안에 찬성할 수 없으며, 받아들일 수도 없습니다. 깨끗한 후원금 제도를 위해 노력하겠습니다."

본 사례의 또 다른 중요한 시사점은 전략적 상황, 즉 협상에서 꼭 강한 자가 이기는 것은 아니라는 사실이다. 다수의 의석을 확보하고 있는 여당이 분명 야당에 비해 강한 자이다. 거기에 비해 야당의 표만으로는 본 법안을 통과시키거나 부결할 수 없는 상황이므로 야당은 분명 약자다. 그러나 본 제안에서 의사결정권은 여당이 가지고 있지만 오히려 야당의 입장에 따라 눈치를 보아야 하는 상황이다. 왜 그럴까? 야당은 힘이 없는 상황이지만 여당이 찬성이든 반대이든 무조건 찬성한다는 사실을 보여주었다. 야당은 어쩔 수 없는 상황이었지만 분명 미래의 선택지 하나를 없애버렸다. 이것은 자기 결박적 약속이 된다. 배수의 진을 치고 있는 형국이다. 스스로 떨어져 죽는 것보다 당연히 싸우는 것이 낫다. 왜? 살

수 있는 확률이 높으니까.

이러한 비장함은 상대방에게 상당한 위협이 된다. 정보, 자본, 힘 등을 더 많이 가진 쪽이 분명 유리한 것은 사실이나 이러한 우월전략을 가진 자가 딜레마에 빠지도록 게임의 룰을 변화시키는 것이 중요하다. 흔히 경영에서 쉽게 사용할 수 있는 전략이 모방이다. 예전에는 자기 회사의 경영만 잘하든지 기술력만 높으면 되었지만, 이제는 오늘의 동지가 내일의 적이 될 수 있음을 늘 고려해야 한다. 그만큼 전략의 수가 많고 복잡해졌다. 코카콜라와 펩시콜라의 100년 콜라전쟁에서 결국은 코카콜라가 승리하였지만, 스포츠 음료 등으로 재무장한 펩시콜라는 결국 전체 음료수 시장에서 1위를 차지한다. 다시 말해 경쟁의 판(룰)을 바꾼 것이다. 현재도 진행 중인 애플과 삼성의 특허전쟁 또한 제조 분야에서 기술력만으로 승부를 내던 시대가 변화했음을 보여준다. 살아생전에 스티브 잡스(Steve Jobs)는 '비열한 모방꾼'이라며 다소 과격한 표현을 썼지만, 이는 한국기업이 20여 년간 써왔던 'fast follower(새로운 제품, 기술 등을 빠르게 쫓아가는 전략 또는 기업)' 전략이다. 흔히 2등 전략이라고 하지만 이제 'fast follower' 전략은 1등 기업도 많이 사용한다.

요트경기를 예로 들어보자. 요트시합에서 선두에 있는 요트는 절대 빨리 가지 않는다. 요트는 기록경기가 아니기 때문이다. 그래서 선두에 있는 요트는 언제나 2등으로 추격하고 있는 요트와 똑같은 전략을 구사한다. 이를 통해 2등과의 간격을 유지하는 것이 중요하다. 그러면 성급해진 2등은 무리수를 두게 되는데, 바로 '모' 아니면 '도'일 수밖에 없는 것이다. 결국 자멸할 가능성이 높아진다.

애플과 삼성의 특허전쟁은 애플에는 어쩔 수 없는 상황이라고 하더라도, 향후 애플의 무리수가 될 가능성이 높아졌다. 법정공방을 통해 삼성의 스마트폰이 애플의 아이폰과 동급이 되었음을 스스로 인정한 꼴이 되었고, 애플의 아이폰은 언제나 혁신적이어야 한다는 자부심이 부담감으로 변화되었다. 높은 기대감은 오히려 더 큰 실망감으로 다가갈 수 있다. 늘 혁신적일 수 있을까? 때로는 힘이 없는 척, 어쩔 수 없는 척 힘을 비축할 필요도 있다. 상대방이 보여주는 전략에 따라 나의 전략도 달라질 수도 있다. 바로 유연성의 시대다. 내가 정말 힘이 없는 상황이라면 절박함을 강하게 보여주어야 한다. 더 이상 잃을 게 없다는 사실을 보여주어야 한다. 단, 이러한 전략은 자주 사용되면 약효가 떨어진다. 비장의 카드가 되어야 한다.

멀리 가려면
함께 가라

아프리카 속담 중에 '빨리 가려면 혼자 가고, 멀리 가려면 함께 가라'는 말이 전해진다. 삶의 진리다. 그런데 어떻게 함께 가라는 것일까? 함께하면 더 늦어지지 않을까? 우리의 경험에 비추어볼 때, 분명 함께 가는 것은 혼자 가는 것보다 더 늦다. 단체 여행에서 꼭 늦게 오는 사람 때문에 출발시간이 지연된 경험이 있으며, 하기 싫어도 다른 사람과 함께하기에 어쩔 수 없이 참여한 경험도 있다. 혼자서 공부하고 일하는 것이 편하다는 사람에게 억지로 함께하자고 말할 수는 없다.

그러나 '내가 누구냐'보다 '다른 사람과 함께 있는 내가 누구냐'가 더 중요하다고 말한 전설의 안무가 트와일라 타프(Twyla Tharp)의 이야기는 함께 되새겨볼 만하다. 평생을 무용과 함께 살아온 그녀는 1973년 최초의 크로스오버 공연을 선보였는데 고전과 현대 발레의 결합은, 국적·문화·언어가 전혀 다른 분야와 협력함으로써 크로스오버의 최고봉으로 평가받고 있다. 그녀는 뉴욕시립발레단, 런던로열발레단 등 10여 개의 세계적 발레단의 안무를 맡았으며 영화 〈아마데우스〉, 〈백야〉 등의 무용을 지도하였다. 이후에도 역대 최고의 뮤지션으로 평가받고 있는 빌리 조엘(Billy Joel), 밥 딜런(Bob Dylan)의 음악으로 만든 뮤지컬 공연으로 최고의 흥행을 기록했을 뿐 아니라 에미상, 토니상 등을 수상하기도 하였다. 또한 70살이 넘은 지금까지 140여 차례의 작품을 맡은 천재 예술가로 평가받고 있다. 그녀는 "나는 일생을 예술가가 아닌 협력 전문가로 살았다"고 말한다. 그녀의 책『The Collaborative Habit』(한국어판 제목: 여럿이 한 호흡)을 살펴보면 그녀의 어머니가 열두 살의 어린 타프를 위해 만든 하루 일과표를 볼 수 있다.

(도대체 12살짜리가 몇 시에 일어나? – 필자 생각)

6:00~6:15 연습복 착용

6:15~7:15 발레

7:15~8:30 옷 입기, 방 청소, 아침 식사

8:30~9:00 등교

9:00~15:00 학교 수업

15:00~15:15 바이올린 레슨을 위해 이동

15:15~16:00 바이올린 레슨

16:00~16:30 귀가, 간식, 연습복 착용

16:30~17:00 지휘

17:00~17:30 탭댄스

17:30~18:00 지휘

18:00~19:00 어린이 발레 교실

19:00~19:30 어린이 지휘 교실(남동생을 가르치는 시간)

19:30~20:00 어린이 탭댄스 교실(남동생을 가르치는 시간)

20:00~21:00 숙제, 속기

21:00~21:30 저녁 식사, 취침 준비

(도대체 언제 노는 거야? – 필자 생각)

위 일정표를 보면, 세계에서도 유명한 한국 어머니들의 교육열을 능가해 보인다. 여기서 중요한 점은 저녁 7시부터 1시간 동안 이루어지는 어린이 교실이다. 이 일정은 타프가 자신의 쌍둥이 남동생을 직접 가르치는 시간으로 어머니가 가장 중요하게 생각했던 시간이라고 한다. 아무리 피곤하고 힘들어도 반드시 어린 남동생들과 함께하는 시간을 가지도록 교육받았다. 어린 시절부터 이러한 협력 교육을 통해 타프는 상대의 눈을 통해 사물을 보는 법을 생각하게 되었다.

한국개발연구원(KDI)에서 구직자 6,165명을 대상으로 실시한 설문에 의하면 이들 중 60%가 인맥을 통해 직장을 구했다고 한다. 인적 네트워크의 중요성을 다시 한 번 느끼게 해주는 자료다. 결국 다른 사람과의 협력은 환경과 문화가 어떻게 제공되느냐의 문제다. 혼자 있기를 좋아하거나 개인주의 성향을 가진 사람 탓이 아니라는 뜻이다. 기업에 있어서도 함께 갈 수 있는 환경과 문화가 존재하느냐를 우선 따져보아야 한다. 논의를 위한 자유 공간이 제공되고 있는지, 반대와 저항을 어떻게 수용할 수 있는지, 가치관을 전달하는 언어와 장치가 제공되고 있는지를 살펴봐야 한다.

해충 박멸 회사로 유명한 세스코(CESCO)는 바퀴벌레, 모기, 파리 등 해충을 잡는 일을 하는 업무의 속성상 사무실 내의 분위기가 매우 험악했다고 한다. 직원 간의 거친 말과 비속어는 물론이고 고객에게도 불친절한 사례가 많아 일주일에 수십 통의 항의전화가 걸려왔단다. 이를 개선하기 위해 회사 차원에서 면접, 평가 등을 강화하였지만 큰 효과가 없었다. 이후 한 직원의 아이디어를 수용해 기존의 조끼 유니폼을 경찰 제복 같은 깔끔하면서도 전문가와 같은 느낌을 주는 유니폼으로 변경하였다. 색상과 디자인 등이 가미된 제복 느낌의 유니폼으로 바뀐 뒤, 직원스스로 자신을 해충 박멸 전문가로 인식하면서 행동도 자연스럽게 부드러워지고 친절해졌다는 것이다.

맥도날드의 경우에는 자리에만 앉자 있지 말고 현장을 들여다보게 하기 위해 임원들의 의자를 등받이가 없는 불편한 의자로 교체하였다. P&G는 사무실 내 고정석이 아닌 먼저 앉은 사람이 그 책상의 임자가 된다. 사무실보다는 현장근무를 중요시 여기는 기업문화를 엿볼 수 있다. 이 외에도 긴 회의시간을 없애기 위한 스탠딩 회의, 보고나 고충을 상담하러 방문하는 부하직원들이 상사의 사무실에 들어왔을 때 곧바로 시선을 맞출 수 있도록 가구를 재배치하거나 아예 임원과 사원들이 똑같은 공간을 사용하여 자연스러운 소통이 되도록 노력하는 기업도 점차 늘고 있다.

환경을 변화시켜 협력을 도모하려는 해결책은 기업뿐 아니라 장기기증의 문제에도 적용되었다. 컬럼비아대학교의 마이클 모부신(Michael J. Mauboussin) 교수는 독일과 오스트리아의 장기기증문제를 디폴트(default)의 힘으로 분석하였다. 독일의 장기기증은 12%인 반면, 인접 국가인 오스트리아는 100%에 가깝다. 오스트리아의 장기기증 비율이 높은 이유는 장기기증을 하겠다는 동의가 기본선택이기 때문이다. 오스트리아에서 태어나면 장기기증은 선택이 아닌 기본인 것이다. 장기기증을 하지 않으려면 직접 취소 신청을 해야 한다. 국민 모두가 선택하는 장기기증이 모두에게 좋은 일이 분명한데 굳이 귀찮게 신고까지 하며 취소할 이유가 없는 것이다.

결혼생활도 부부간의 팀워크가 중요하다. 코넬대학교에서 30년간 인간학을 연구한 칼 필레머(Karl Pillemer)는 결혼을 하면서 배우자를 변화시키겠다고 마음먹는 것은 어리석은 짓이며, 결혼생활을 파탄에 이르게 할 수도 있다고 조언하였다. 이보다는 부부가 인종이나 경제적 여건 등에서 차이가 크더라도 가치관과 삶에 대한 견해를 함께한다면 결혼의 질과 안정성을 모두 높일 수 있다고 말한다. 결혼생활을 원만히 유지할 수 있는 유일한 방법은 두 사람 모두 상대에게 항상 100%를 주는 거다. 자유롭게 해주어야지 계산하기 시작하면 이미 문제가 생긴 것이다. 중요한 건 늘 많이 베풀어야 한다는 것이다. 상대가 나와는 전혀 다른 삶을 살아온 사람이라는 점을 이해하는 것부터 시작되어야 한다. 두 사람 모두 받는 것보다는 더 많이 베푼다는 목표로 관계를 유지한다면 모두에게 어마어마한 이익이 된다. 한 팀이 되어야 한다. 두 사람이 서로에게 진심으로 관심을 갖고 한 팀처럼 '협력'해 나간다면 삶의 무게를 덜 수 있다는 말이다. 아침에 일어나서 '어떻게 하면 아내 혹은 남편의 하루를 더 행복하게 해줄 수 있을까'를 생각하라고 조언한다.

협력을 하면 그 힘은 배가 된다.

빨리 가고 싶으면 혼자 가면 된다. 그런데 그 혼자인 사람에게 "당신은 혼자가 아니에요"라고 메시지를 전달해 보자. 환경을 조금 변화시켜 메시지를 공유하면 된다. 조금 늦어도 함께 멀리 갈 수 있는 환경과 문화는 우리 스스로 만들어가는 것이다. 함께하면 즐거움도 재미도 배가 될 수 있으니 말이다.

"
왜 당신은
흔들리는가?
"

코끼리
움직이기

아이디어 상품인 '클로키 시계'

요즘은 알람시계를 별도로 구입하는 사람이 거의 없다. 휴대폰이 그 역할을 대신하고 있으니까. 휴대폰의 사용 기능 중 두 번째로 높은 비율이 알람이라는 조사결과도 있다. 한편 2007년에 우리나라에도 소개된 적이 있는 클로키 시계는 매우 재미난 아이디어 제품으로 시장에 돌풍을 일으킨 적이 있다. 미국의 한 대학생이 개발한 이 시계는 양옆에 커다란 바퀴가 달려 있다. 그리고 정해진 시간이 되면, 요란한 알람 소리와 함께 바퀴가 작동한다. 알람을 끄지 않으면 이 클로키 시계가 어디로 도망을 다닐지 모른다. 한마디로 이 시계는 온 방을 돌아다니며 요란스럽게 울려댄다. 자칫 침대 밑이나 옷장 밑으로 들어가는 날에는 정말 큰일이다. 그러니 달콤한 잠에서 우선 일어나 이놈의 클로키 시계를 잡는 것이 급선무다.

우리는 한 번씩 이런 경험을 가지고 있다. 자기 전에는 꼭 아침 일찍 일어나리라 다짐을 한다. 특히 내일 시험이 있다거나 이제부터 운동을 하겠다고 결심한 후에는 새벽 일찍 일어날 것을 다짐한다. 그리고 알람을 맞춰놓는다. 다음 날 아침, 요란스럽게 알람이 울리지만 우리는 비몽사몽간에 알람을 끈 후 '딱 5분만'이라며 스스로에게 잠을 더 허락한다. 공부를 하겠다는, 운동을 시작하리라는 전날의 굳은 다짐은 어디에도 없다. 그리고 스스로 잠이 너무 많다고 자책과 후회를 한다. 그러나 정확히 말한다면 인간의 감성은 언제나 이성을 지배한다. 헤어진 여자친구에게 절대 전화하지 않겠다고 말하지만 술기운에 용감히 전화한 후, 그다음 날 어김없이 후회한다.

일반적으로 여성보다는 남성들이 쇼핑을 싫어하는 경향이 있다. 이것 또한 여성들은 쇼핑을 통해 자신의 감성을 충족시키지만 여성들의 뒤를 쫓아다니는 남성은 다리만 아플 뿐이다. 쇼핑을 할 때는 이것저것 비교하게 되는데, 남성의 경우에는 이성적 판단이 앞선다. 남성은 가격, 사이즈, 기능 등 비교가 확실하고 정확한 것을 선호하지만, 여성은 비교 기준이 자기만족과 주위 반응이다. 여성이 함께 동행한 남성에게 물어본다. "자기야, 이거 어때? 괜찮아 보여?" 쇼핑에 지친 남성이 무심결에 대답한다. "별로야", "뚱뚱해 보여." 이런 생각 없는 대답은 곧 여성과 전쟁을 불사하겠다는 뜻이다. 여성들이 원하는 대답은 "그래, 괜찮아. 날씬해 보여"다. 여성은 자기만족으로 선택한 상품을 주위에서 동조해 주기를 원한다. 즉, 남성은 이성에 의한 비교를 선호하는 반면 여성은 감성을 기준으로 비교하게 된다. 그래서 남성은 전자제품의 쇼핑을 선호하고, 여성은 의류 중심의 쇼핑을 선호한다. 세계적 브랜드 컨설턴트인 마틴 린드스트롬(Martin Lindstrom)은 그의 저서 『쇼핑학(Buyolog)』에서 "남성과 여성은 큰 차이가 있다. 여성이 감정적으로 훨씬 더 약하다"고 하였다.

심리학자 조너선 하이트(Jonathan Haidt)는 『행복 가설』에서 감성을 다음과 같이 표현하였다.

"우리의 감성적 측면이 코끼리라면 이성적 측면은 거기에 올라탄 기수인 셈이다."

코끼리 위에 올라탄 기수가 고삐를 쥐고 있기 때문에 리더로 보인다. 그러나 기수의 통제력은 신뢰할 수 없는 부분이다. 기수가 코끼리에 비해 너무 작기 때문이다. 진행방향과 관련해 코끼리와 기수의 의견이 불

일치할 때면 언제나 코끼리가 이긴다. 기수는 상대가 되지 않는다. 결국 코끼리를 이길 수 있다는 우리의 자만심은 어김없이 감성에 짓밟히게 된다. 그렇다면 어떻게 감성을 지배할 수 있을까? 엄밀히 말한다면 이성이 감성을 지배할 수 있다는 자만심부터 버려야 한다.

'이제부터 잠자는 시간을 줄일 거야. 그리고 매일 새벽에 운동을 할 거야, 내일 아침 일찍 일어나서 공부를 하겠어, 새벽에 학원을 다녀야겠어, 다시는 술 먹고 전화를 하지 않을 거야.' 이런 생각이 모두 자만심이다. 우선 자기 자신을 냉정히 따져보아야 한다. '내가 하루에 잠을 몇 시간 자지? 7시간, 8시간…… 이런 내가 갑자기 잠을 5~6시간으로 줄일 수

감성을 지배하기란 쉽지 않다.

있을까? 그래도 아침 운동을 하기로 했으니까 30분 정도만 일찍 일어나자. 10분만 운동을 해보는 거야. 아니면 저녁에 운동을 하자.' 이것이 현실적이다. 코끼리를 우선 아주 조금만 움직여보는 것이다. 만약 결심한 것을 실천했다면 스스로에게 상을 주는 것도 좋다. 코끼리에게 먹이로써 보상을 주는 것처럼 말이다. 헤어진 여자친구에게 전화를 하지 않을 거라면 술을 마시지 말라. 아니면 맨 정신에 전화를 하든지. 그것도 싫으면 차라리 다른 여성을 만나라.

이성이 감성을 통제하기 위해서는 조금이라도 실천하는 것이 중요하다. 실천은 언제나 탄력성을 가지고 있는 에너지다. 처음에는 매우 조금 움직이지만 갈수록 탄력을 받는다. 그러면 보다 멀리 나아갈 수 있다. 실천을 통한 성취욕은 감성을 자극한다. 기쁘게 만드는 것이다. 이러한 기쁨은 다시 이성을 자극한다. 조금 더 큰 목표를 세우게 만든다.

이성과 감성은 함께 움직여야 한다. 이성은 열심히 계획을 세우고 다짐을 한다. 그러나 감성이 함께 동참해 주어야 한다. 기쁘든 화가 나든 감성을 지지해 주어야 한다. 2시간째 쇼핑을 함께하고 있는 남편이 힘들어한다면, 잠깐 전자제품을 판매하는 코너에 가보라. 그리고 남편에게 물어봐라. "여보, 이 전자제품은 당신이 전문가잖아. 뭐가 좋을까?" 그러면 남편의 눈이 다시 반짝거릴 것이다. 꼭 구입하지 않더라도 괜찮다. 코끼리는 덩치만 크지 잘 토닥거려 주고, 칭찬해 주고, 적절히 보상해 주면 천천히 기수의 말에 따라 움직인다.

살,
빼고 싶은가?!

요즘 대한민국은 몸짱의 시대다. 다이어트와 몸만들기는 하나의 산업이자 소위 돈 되는 분야가 되었다. 다이어트를 위한 수많은 방법이 제시되고 있으며, 그 방법 또한 점차 진화되고 있다. 다이어트가 건강-헬스-웰빙의 분야이지만 심리학에서도 본 문제를 다루고 있다. 우선 심리학에서 다루고 있는 다이어트의 사례와 실험들을 간단히 소개하면 다음과 같다.

[실험 1]

극장에서 하루 이틀 정도가 지난 맛없는 팝콘을 영화 관람 전인 사람들에게 나누어주었다. 동일한 영화를 보는 두 그룹 사람들 중 한 그룹에게는 큰 통에 담긴 팝콘을 주었고, 다른 그룹에게는 중간 사이즈의 통에 담긴 팝콘을 주었다. 그리고 영화 관람이 끝나고 나눠준 팝콘 통을 회수하였다. 자, 어느 그룹이 더 많은 팝콘을 먹었을까? 짐작이 가겠지만 큰 통을 받은 사람들이 무려 53%를 더 많이 먹은 것으로 조사되었다. 물론 큰 통을 받은 사람들은 자신이 이 맛없는 팝콘을 더 많이 먹었다는 사실을 강력히 부인하였다. 사실 푸석푸석한 팝콘을 먹는다는 것은 맛 때문이 아니라 영화를 보면서 자신도 모르게 팝콘에 손이 가는 것이다. 먹을 때마다 맛이 없다고 생각하지만 습관적으로 먹는다. 비슷한 실험으로 넓은 유리잔을 사용하는 사람이 좁고 길쭉한 유리잔으로 먹는 사람보다 음료를 평균 19%를 더 많이 마시는 것으로 조사되었다[브라이언 완싱크(Brian Wansink)의 『나는 왜 과식하는가?』 중에서].

[실험 2]

우리는 코미디 프로에서 가짜 웃음을 들려주는 이유를 알고 있다. 웃음도 전염되기 때문이다. 혼자서 보는 〈개그콘서트〉보다 여러 명이 함께 시청하는 〈개그콘서트〉가 훨씬 더 재미있었다. 요즘 가짜 웃음을 들려주는 것보다는 실제 관객들이 웃고 있는 장면을 종종 보여주고 있다. 이렇게 웃음은 전염되고, 하품도 전염된다. 그리고 놀랍게도 비만도 전염된다. 혼자 먹을 때보다 2명이 함께 식사를 하면 35%, 4명이 먹을 때 75%, 7명 이상일 때는 96%를 더 먹는다는 실험결과가 제시되었다. 결국 회식은 다이어트의 적이라고 볼 수 있다. 거기에다 술까지 먹으니 말이다. [실험 1]에서 보았지만 2명 이상이 먹을 때 자신은 절대 많이 먹지 않는다고 우겨도 소용없다. 왜냐하면 2명 이상이 함께 식사를 한다는 것은 대화를 나누면서 먹는다는 것이고 이로 인해 먹고 있다는 사실보다는 대화에 더 집중하게 된다. 그러므로 자신도 모르게 더 많은 음식을 섭취하는 것이다.

두 실험을 종합해 보면 다음과 같다. 다이어트를 하려면 가장 작은 그릇에 음식을 담아서 혼자 식사를 하면 된다. 그런데 이게 가능할까? 쉽지 않은 일이다. 다이어트는 성공할지 몰라도 외톨이가 되어서 오히려 우울증에 걸릴 확률이 높다. 그런데 종종 이런 사람들을 보게 된다. 정말 독한 사람들이다.

『행복은 전염된다』의 저자 니컬러스 크리스태키스(Nicholas Christakis)는 1971년부터 2003년까지 총 1만 2,067명을 연구 추적해 소셜 네트워크(Social Network)의 힘을 증명하였다. 청소년의 식습관에는 친구들이 큰 영향을 미치며, 체중감량도 마찬가지라는 것이다. 또한 모르는 사람도 영향을 미칠 수 있다. 옆자리에 앉은 낯선 사람이 음식을 많이 먹으면 따라서 많이 먹게 된다. 이 효과는 무의식적으로 일어나기 때문에 '무의식적 과식'이라고 부른다. 본 방대한 실험 중 하나인 비만의 전염도 소셜 네트워크 효과로 볼 수 있다. 이것은 이상적인 몸매의 이미지를 언론매체를 통해 보지만 그러한 이미지보다는 현실에서 실제로 연결된 사람들의 행동과 외모에 더 많은 영향을 받는다는 것이다.

결국 다이어트에 성공하려면, 매우 작은 그릇에 먹고 절제된 식생활을 가진 사람들과 식사를 하면 된다. 역시 쉽지 않은 일이지만, 이제 우리의 삶이 소셜 네트워크에 지대한 영향을 받고 있다는 것은 분명한 사실이다. 가히 바이러스의 시대다. 하품, 질병, 불행도 전염된다면 이보다는 웃음, 사랑, 행복이 전염되기를 바란다. 즐겁게 다이어트를 해야 나의 주변도 즐거워진다. 이 즐거움은 다시 나에게 전파되어 다이어트가 더 즐거워진다.

다양한 소셜 네트워크를 통해 우리는 서로에게 전염되고 있다.

자신이 보는 나,
타인이 보는 나

어느 날 수업시간에 학생들이 필자를, 즉 '나를 어떻게 생각하고 있을까'가 궁금해졌다. 그래서 익명성을 보장하고, 종이쪽지에 나에 대한 평판을 적도록 했다. 이때 학생들 자신의 생각을 적게 하기보다 주위에서 이야기되는 나의 평판을 적게 하였다. 왜냐하면 나에 대한 부정적인 생각이 많을 수도 있을 텐데, 학생 본인의 생각을 적게 한다면 솔직한 답변을 피할 확률이 높기 때문이다. 이는 각종 설문에서도 활용된다. 예를 들어 "어떤 후보자를 지지하느냐"라는 질문보다 "주위에서 어떤 후보자를 더 지지하는 것 같으냐"를 물어보는 것이 더 솔직한 답변을 얻어낼 수 있기 때문이다. 가정폭력을 행사하는 가장에게 당신은 가족들에게 폭력을 행사하고 있는가를 물어보았자 솔직히 대답하는 사람은 거의 없다. 학생들의 필자에 대한 평판 결과는 대략 이러했다.

"냉정하다, 합리적이다, 꼼꼼하다, 무섭다, 따뜻하다, 열정적이다, 노력한다."

학생들이 작성한 종이쪽지를 하나하나씩 공개하면서 진행하였다. 혹시 좋지 못한 평판이 있으면 어쩌지 하는 불안감이 있었지만 그래도 이 정도면 참 다행이었다. 여러분은 이러한 학생들의 평판을 보면서 필자를 어떻게 평가할 것인가? 아마도 필자의 이미지가 대략적으로 파악될 것이다. 그렇다면 아래의 평판은 어떠한가?

"따뜻하다, 열정적이다, 노력한다, 냉정하다, 합리적이다, 무섭다, 꼼꼼하다."

첫 번째 평판과 두 번째 평판은 똑같은 내용이다. 단지 순서만 다를 뿐이다. 그렇다면 두 가지 평판 중 어느 것이 더 나아 보일까? 그렇다. 두 번째 평판이 더 좋은 사람으로 비춰진다. 여러분이 두 가지 평판 중 어느 하나만을 접했다면 평가가 더욱 명확해질 것이다. 다시 말해 "냉정하다"로 시작되는 평판을 접했다면 차가운 사람이라고 평가할 것이고, "따뜻하다"로 시작되는 평판을 접한 사람이라면 괜찮은 사람이라고 평가할 확률이 높다. 왜 그럴까? 이것을 첫머리 효과(primacy effect)라고 한다. 쉽게 말해 사람의 첫인상이다. 예를 들어 어떤 사람의 첫인상이 좋았다면 "야, 그 사람 인상 좋던데, 서글서글하고……", "저 사람 옷 입은 거봐, 깔끔하고 개성 있는데", "저 사람 좋은 차 타네, 능력이 좋은가 봐"라고 말을 할 것이지만, 첫인상이 좋지 못했다면 "야, 그 사람 서글서글 말하는 게 좀 사기꾼 같지 않냐?", "저 사람 옷 좀 봐, 어떻게 저 몸매에 저런 옷을 입냐?", "저 사람 집에 돈이 좀 있는 모양이네, 좋은 차 타는 걸보니"라고 말할 확률이 높다.

사람들의 첫인상에 대한 학술적 연구는 솔로몬 애시(Soloman Asch)의 선구적 실험결과에서 잘 소개하고 있다. 한 사람을 표현하는 단어들을 듣고 그 사람을 평가해달라는 부탁을 하였는데, 한 그룹에게는 "야심만만하다, 고집불통이다, 비판적이다, 충동적이다, 부지런하다, 영리하다"의 순으로 나열된 단어들을 보여주었고, 또 다른 그룹에게는 "영리하다, 부지런하다, 충동적이다, 비판적이다, 고집불통이다, 야심만만하다"의 순으로 나열된 단어들을 보여주었다. 순서만 바뀌었을 뿐이지만, "야심만만하다"로 시작되는 사람의 평가보다는 "영리하다"로 시작되는 사람을 더 좋게 평가하였다.

그런데 이러한 첫머리 효과는 후광효과(halo effect)로 이어질 가능성이 높다. 첫인상이 좋았다면, 그 사람이 나에게 피해를 주지 않는 이상 끝까지 그 사람을 좋게 생각할 확률이 높아진다. 첫인상이 좋았던 사람은 "역시 내가 딱 알아봤다니까, 기대를 저버리지 않는군", 설령 그 사람이 잘못을 했다고 하더라도, "괜찮아, 사람이 실수할 수도 있지. 자네는 금방 극복할 거야"로 이어진다. 그런데 첫인상이 좋지 못했던 사람은 "그럼 그렇지. 어떻게 이걸 못하냐" 또는 "내 이럴 줄 알았어. 조금이라도 기대했던 내가 바보지"로 이어진다. 이러한 첫머리 효과는 특히 선입견과 고정관념으로 좌우되는 경우가 많다. 그래서 성공한 영업원들을 보면, 대개 처음 만나는 사람들에게 시작부터 물건을 팔지 않는다. 우선 그 사람의 관심사가 무엇인지를 알기 위해 노력하고, 그 사람의 성향이 어떻게 되는지를 파악한다. 동료 교수 중에 골프를 가르치는 한 교수님이 들려주었던 이야기다. 이 교수님은 골프스윙에 대한 연구로 박사학위를 취득하였는데, 시간강사 시절에 골프 연습장에서 아르바이트를 하였단다. 일반인에게 처음으로 골프를 가르치게 되었는데, 본인이 박사학위를 받은 걸 숨긴 채, 다른 강사와 같은 수준으로 레슨비를 받았다. 그런데 한 달간 레슨에서 대충대충 배우더라는 것이다. 레슨에 대한 효과도 별로 없었던 것은 물론이다. 그 후 본인이 골프스윙에 대한 박사임을 밝힌 다음, 한 달에 딱 한 사람에게 레슨을 하였고, 레슨비도 몇 배를 높여 선불하는 조건을 걸었단다. 그랬더니 서로 배우겠다고 줄을 서는 것은 물론이고, 어찌나 집중해서 배우던지 레슨 효과도 매우 높았다고 한다.

　이러한 고정관념을 좌우하는 요소들은 너무나 많다. 그 사람의 학력, 경력, 신분은 물론이고 옷, 머리모양, 키, 몸무게, 안경, 향(냄새), 신발, 자동차, 명함(직함), 유명인사와 찍은 사진, 각종 자격증 등 헤아릴 수 없을 정도다. 때에 따라 이러한 것들은 그 사람의 권위를 높여주기도 하지만, 때로는 사기꾼들이 즐겨 사용하기도 한다. 처음 만나는 사람들이 이러한 외적 요인들을 앞세운다면, 다시 한 번 그 사람을 살펴봐야 한다. 사기꾼들이야말로 심리학의 대가들이자 실천가들이다. 사람의 약점을 교묘히 파고들며, 절대 한순간에 사기를 치지 않는다. 조금 조금씩 접근해 온다. 이것이 상호 관계 유지의 오류이며, 일명 '한 발짝 살짝 걸치기' 전략이다. 세상에 절대 공짜는 없는 법이다.

수업시간에 학생들에게 자신의 평판을 스스로 평가해 보도록 한다. 그리고 자신이 생각하는 평판을 하나의 문장으로 적게 한 다음, 자신의 이름은 밝히지 않고 강의실 뒤편에 부착한다. 이번에는 모든 학생에게 그 평판을 하나씩 보게 한 후, 그 평판만을 보고 누구인지를 짐작하여 그 평판 종이에 생각나는 학생의 이름을 모두 적도록 한다. 마지막으로 자신의 평판 종이를 찾아가도록 한 다음, 이를 발표하도록 한다. 예를 들어, 철수라는 친구가 자신의 평판으로 "나는 열정적이다"라는 평판을 적었고, 다른 친구들에게서 철수라는 자신의 이름을 보게 된다면, 이는 어느 정도 자신의 평판과 다른 사람이 생각하는 평판이 일치하는 것이다. 그런데 영희라는 친구의 "나는 소극적인 편이다"라는 평판에서도 철수라는 이름이 있다면, 철수는 소극적이라는 평판도 함께 가지고 있는 셈이다.

사실 하나의 평판만을 보고 누구인지를 알아맞히는 것은 쉽지 않다. 그렇지만 본 실험을 해 보면, 자신이 생각하는 평판과 다른 사람이 생각

하는 자신의 평판이 일치하는지, 아니면 다른지를 어느 정도 이해하게
된다. 이를 통해 자신을 한번 되돌아보고, 좋은 평판을 가질 수 있도록
노력해야 함을 인지시킨다. 이를 위해서는 평소에 자신이 가지고 있는
평판을 이해하는 과정이 필요함을 강조한다. 자칫 자신의 평판이 좋지
않을 수도 있고, 또한 다른 사람의 평판에 쉽게 상처를 받기도 한다. 그
래서 본 실험을 고안한 것이다. 자신의 평판을 다른 사람들과 조심스럽
게 공유해봄으로써 내가 스스로 어떤 길을 걸었는지, 그리고 스스로 어
떤 평판을 얻고 싶은지를 생각해 보는 것이다.

면접으로 사람의 능력을
파악할 수 없다?

(구직을 위한 조언)

사람을 뽑을 때, 우리는 면접을 본다. 압박면접, 개별면접, 집단면접, 토론면접, 프레젠테이션면접, 블라인드면접, 동료평가면접, 술자리면접, 등산면접, 합숙면접 등 그 종류도 다양하다. 면접의 가장 기본은 서로 대면하여 그 사람을 평가하는 것이다. 그 사람을 평가하기 위한 질문도 무척이나 다양하다. 그런데 정말 면접은 효과적일까?

영국 심리학의 대표적 학자인 스튜어드 서덜랜드(Steward Sutherland)는 면접의 과정에서 후광효과 또는 반대로 악마효과(devil effect)가 발생할 수 있음을 지적하였다. 사람을 뽑는 과정에서 면접이 별로 도움이 되

지 않을 뿐 아니라 오히려 유해할 수도 있다는 것이다. 특히 그는 대조효
과(contrast effect)가 발생할 수도 있음을 이야기하였다. 이는 유난히 인
상이 좋거나 똑똑하게 말하는 지원자를 면접한 후, 바로 다음에 면접을
보는 지원자를 실제보다 더 좋지 않게 평가할 수도 있다는 것이다. 반대
로 어떤 지원자가 면접을 엉망으로 보았다면, 그다음 차례 지원자는 평
균임에도 불구하고 더 높은 평가를 받을 수 있다고 한다. 쉽게 말해, 내
가 누구와 함께 면접을 보았는지 또는 나의 면접 전후에 누가 면접을 보
았느냐에 따라 합격의 운명이 걸릴 수도 있다는 것이다.

　또 다른 심리학 박사인 롬 브래프먼은 면접에 대해 이런 이야기도 전
한다. 인사 담당자는 면접에서 그들이 정해놓은 기준(룰)에 근접한 사람
을 뽑게 되는데, 실제 면접에서 높은 점수를 얻은 사람과 직무의 성과는
아무런 관계가 없다는 것이다. 이는 단 몇 분의 면접으로는 제대로 된 사
람을 판단할 수가 없음을 지적한다. 이를 '거울아 거울아!' 효과라고 하
는데 이는 면접관이 자신과 가장 비슷하다고 생각하는 사람을 뽑기 때
문에 붙여진 이름이다. 또한 면접을 꼭 해야 한다면 가장 효과적인 질문
으로 '우리 회사에 대해 무엇을 알고 있느냐?'를 꼽았다. 최소한 지원 회
사에 대한 정보를 얼마나 조사하였고, 노력과 관심을 가지고 있는지를
평가할 수 있다는 것이다. 그러나 '왜 우리 회사에 지원하였는가?', '5년
후의 자신의 모습을 제시하라', '대학시절 가장 의미 있는 일은 무엇이었
는가?', '인생의 목표는 무엇인가?'와 같은 질문은 진실한 답변이 나오지

않을 것이라는 것이다. 통상적인 질문에는 이미 준비된 답변이 나올 게 뻔하다는 이야기다.

결국 면접에서 자신(면접관)의 예측 능력에 지나친 자신감을 갖고 미래를 과도하게 낙관적으로 보는 '자기 과신'이 문제가 될 수 있음을 지적하고 있다. 이는 면접을 통해 지원자가 가지고 있는 능력과 인품을 보여주어야 하는데, 면접의 순서나 내가 준비한 예상 질문이 얼마나 나올 것인가와 같은 '운'이 영향을 미칠 수 있다는 것이다.

여기서 잠시 다른 이야기를 한 번 해보자. 1973년, 단 네 명이 시골창고에서 시작해 계열사 140개에 직원 13만 명을 거느린 매출 8조 원의 막강한 기업으로 성장한 '일본전산' 이야기다. 이 회사의 창업 초기시절이다. 지방에 있는 조그만 회사에 똑똑한 직원들이 올 리가 없었다. 그래서 궁여지책으로 큰 소리로 말하기, 밥 빨리 먹기, 화장실 청소, 오래 달리기로 사람을 뽑았다. 이러한 시험은 똑똑하지는 않지만 무엇이든 할 수 있다는 정신상태만을 보겠다는 창업자의 의지에서 시작되었다. 그렇다면 여러분은 큰 소리로 말하고, 밥 빨리 먹는 사람과 엄격한 구술면접을 통해 사람을 뽑는 방법 중 어느 것이 더 합리적이며, 효과적이라고 보는가? 아마도 대부분의 사람은 그래도 구술면접이 더 나은 방법이라고 생각할 것이다. 일본전산의 희한한 면접을 조금 더 살펴보자. 밥 빨리 먹기 시험은 이러했다. 준비된 도시락에는 돌처럼 단단한 밥에 말린 오징어, 멸치볶음, 콩자반 같은 씹기 어려운 것들만 제공되었다. 많은 응시자들이 이에 실망하거나 어이없는 표정을 지었으며, 화를 내며 응시장을 떠나기도 하였다. 그러나 이런 도시락에도 재미있다는 표정, 활기찬 표정으로 호기 있게 먹어 치운 사람을 '최고'라고 판단하여, 도시락을 10분 이내로 먹은 33명을 무조건 합격시켰다. 여기서 우리는 이런 질문을 할 수 있다. 정말 배가 고픈 사람들이거나 먹성이 좋은 사람들 또는 원래 밥을 빨리 먹는 사람들을 뽑는 것이 아닌가? 이것이 업무능력과 무슨 관계가 있는가? 일본전산 창업자의 대답은 더욱 가관이다. '밥을 빨리 먹는 사람은 일하는 것도 빠르다. 결단력이 빠르고, 동작이 빠르며, 일하는 속도도 빠르다. 더불어 위가 튼튼해서 소화도 잘 시킨다. 건강한 신체를 가졌다고 할 수 있다.' 이렇게 뽑힌 사람들은 대부분 회사의 간부로 성장했다고 한다.

그럼 이번에는 세계적인 IT기업인 '구글'의 입사과정을 살펴보자. 구글의 면접은 창의성이나 전문성을 묻는 질문을 해 까다롭기로 유명하고, 면접의 단계와 기간도 다른 기업의 몇 배에 달한다. 예를 들어 '맨홀 뚜껑은 왜 둥글까?, 탁구공 몇 개로 비행기를 가득 채울 수 있을까?, 골프공의 동그란 홈은 모두 몇 개인가?' 등의 질문이 들어온다. 이러한 난해한 질문들을 통해 지원자의 창의성, 순발력, 분석력 등을 평가한다. 최근에는 구글의 글로벌 채용 규모가 확대되면서 14회의 면접시험을 5회로 간소화하였다. 솔직히 5회의 면접도 일반 기업에 비해 많은 편이지만, 여러 번의 면접을 통해 지원자를 다각적으로 평가하는 것이다. 이러한 여러 번의 면접은 앞서 제기된 면접관의 오류를 최소화시킬 수 있다. 그러나 1998년부터 지금까지 오랫동안 구글을 취재해온 스티븐 레비(Steven Levy)가 그의 책 『In the Plex: How Google Thinks, Works and Shapes Our Lives(구글은 어떻게 생각하고, 일하며, 우리의 삶에 영향을 미치나)』에서 밝힌 내용에 의하면, 구글의 입사는 하버드대 입학보다 어려우며, 입사 지원자들은 SAT(미국 수학능력시험)와 학점이 만점에 가까워야 하고 출신대학도 대부분 스탠퍼드, 버클리, MIT에 한정돼 있다고 한다. 결국 천재조직에 가깝다는 것이며, 엘리트만 뽑을 경우 같은 배경을 가진 인재들만의 집단사고를 할 수 있기 때문에 다양한 인재들을 뽑으라는 충고도 전하고 있다.

세상에서 가장 혁신적인 기업 중 하나라는 구글도 결국 엘리트 중심으로 조직이 움직인다. 일본전산도 현재는 밥 빨리 먹는 사람을 선발하지 않는다. 그만큼 조직이 커지고 비대해짐에 따라 조직은 더욱 세분화되고 전문화되어 간다. 결국 면접의 효과성에 대해 수많은 문제점이 제기되고 있지만 면접을 통한 인재선발은 이미 제도화되었다. 그렇다면 지원자의 입장에서는 어떤 준비를 해야 할까? 후광효과, 악마효과, 대조효과, 거울효과와 같은 면접의 불합리성이 존재하지만 면접의 순서를 바꿀수도 없으며, 모든 면접관의 가치관을 알아볼 수도 없다. 그렇다고 이를 행운에만 맡길 수도 없지 않은가. 필자의 생각에 우선 가장 중요한 것은 자기 자신을 파악하는 것부터 시작하여야 한다. 아래에는 취업선택에 대한 기준이 나열되어 있다.

취업선택에 대한 기준

보수, 전망, 복지제도, 연금, 근무시간, 휴일, 안정성, 사회공헌도, 인지도, 창의성, 스트레스 등이 중에서 여러분이 가장 중요하다고 생각하는 3가지를 선택해 보라. 이때 중요한 것은 너무 많은 기준을 선택해서는 안 된다. 수많은 기준들이 놓여 있을 때, 오히려 사람들은 제대로 된 선택을 하지 못하게 된다. 이를 우리는 결정마비(decision paralysis)의 순간이라고 한다. 선택권이 늘어날수록 우리의 의사결정은 마비되고, 단순화되며 원래의 선택대로 돌아온다는 것이다. 학창시절에 우리가 경험한 것 중 하나로 애매한 시험문제가 나왔을 때, 처음 선택했던 답이 정답인 것을 보고 답을 고쳐 쓴 것을 후회했던 적이 있을 것이다.

컬럼비아대학교의 쉬나 아이엔가(Sheena Iyengar)와 마크 레퍼(Mark Lepper)가 진행한 '6개의 잼과 24개의 잼에 대한 시식과 구입결정'에 대한 유명한 실험이 있다. 본 실험에서 사람들은 24개 잼 시식에 더 많이 몰려들지만, 막상 구입할 때가 되니 24개 잼 진열이 아닌 6개 잼 진열에서 더 많은 구입을 하였다는 것이다. 구입률이 무려 10배나 차이가 났다.

결국 취업선택에 대한 너무 많은 선택의 기준은 개인적인 욕심일 뿐이다. 물론 여기서 취업선택에 대한 기준을 영원히 고착하라는 뜻은 아니다. 이보다는 취업선택에 대한 나름대로의 확실한 기준을 확립하라는 것이다. 예를 들어, 자신의 취업선택 기준이 보수, 전망, 안정성이라고 해보자. 대부분의 학생들이 선호하는 선택기준이다. 그런데 가만히 살펴보면 보수는 자신의 뜻이고, 전망은 배우자를 고려하였고, 안정성은 부모님의 의사를 반영한 경우가 많다. 그렇지 않은가? 그래도 이 기준을 고수한다면, 공기업 정도가 될 것이다. 냉정하게 판단해 보자. 자신의 실력이 과연 공기업에 들어갈 수 있는지를. 구체적으로 다음의 취업 3대 조건을 비교하여 평가해 보면 된다.

첫 번째, 하고자 하는 일에 대해 열정을 가지고 있는가?
두 번째, 기업(직장)에서 요구하는 능력을 가지고 있는가?
세 번째, 취업하고픈 분야의 시장 수요가 충분한가?

취업의 3대 조건 중 첫 번째인 일에 대한 열정은 스토리를 보여주는 것이다. 학생들에게 공기업에 대한 열정을 가지고 있느냐고 물어보면 대부분 그렇다고 대답한다. 면접에서도 지원하는 분야에 대해 어느 정도의 열정을 가지고 있느냐고 물어보면 모든 지원자가 자신이 최고라고 이야기한다. 그러나 이러한 열정은 미래에 보여줄 열정이 아니라 과거부터 현재까지의 열정이다. 결국 지원 분야에 대한 지금까지의 열정이 담긴 스토리를 보여주어야 한다. 한 대기업에 지원한 여성 지원자는 자신이 꼭 입사해야 하는 이유로 지금까지 지원한 기업에 대한 정보와 신문기사가 빼곡히 담긴 스크랩과 대학시절 아르바이트도 해당 기업에서만 했음을 보여주는 경력서, 해당 기업에서 발급한 신용카드와 각종 보너스 카드가 담긴 지갑을 면접관에게 보여주었다. 당연히 합격하였다. 두 번째 취업조건은 일명 스펙(spec)이다. 지원자를 판단하는 객관적인 평가자료다. 이때 스펙은 지원 분야와 관련성이 높을수록 좋다. 본인이 내세울 만한 스펙이 부족하다면, 실패한 스펙도 정리해야 한다. 예를 들어, 자격증을 취득하기 위해 노력하였으나 실패한 경험, 아르바이트를 며칠 밖에 하지 못하였지만 무엇을 배웠는지, 학점이 낮은 이유 등을 제시해야 한다. 마지막으로 취업 분야의 수요다. 아무리 스토리가 많고, 스펙이 좋아도 해당 분야에서 뽑지 않으면 곤란하다. 소수의 인원만 선발하거나 경력직, 특정 업무 및 전공자만 뽑는다면 Plan B(차선책)가 필요하다. 필자의 경험과 의견으로 공기업의 경우에는 두 번째와 세 번째 조건이 중요하다. 예로부터 공직으로 진출하기 위해서는 불철주야로 공부해야 하고, 시험의 운도 필요한 법이다.

정리해 보면, 취업 준비생들은 우선 본인이 생각하는 취업선택의 기준을 본인의 가치관을 고려하여 3가지 정도만 결정하자. 그리고 이러한 기준을 만족시킬 만한 직업군을 따져보는 것이다. 다음으로 원하는 직업군을 위해 '열정(스토리), 능력(스펙), 시장 수요'라는 3대 조건을 따져보아야 한다. 한 가지 더 강조하고 싶은 것은 일관성의 법칙이다. 투자의 불변 원칙 중 하나는 "이득이 높을수록 위험성도 높아진다는 것이다." 절대 안전하면서 높은 이득을 바라는 것은 자기 욕심이거나 사기성 투자다. 취업도 같다고 본다. 모든 조건을 만족하는 취업을 하기란 무척이나 어렵다. 자기 자신과 주위의 기대를 모두 충족시키는 취업을 하려면 그만큼 준비과정도 많아야 한다. 자신은 준비가 되어 있지 않으면서 앞으로 잘할 수 있다고 말하면 신뢰성이 있을까? 약점은 없고, 장점만 있는 사람이 있을 수 있을까? 맡겨만 주시면 모든 일을 잘할 수 있을까?

　열정으로 가득 찬 스토리와 뒤처지지 않는 스펙을 보유하기 위해서는 우선 지원하는 회사와 나의 궁합이 맞아야 한다. 이를 위해서는 해당 회사의 정보를 잘 알고 있어야 하며, 경쟁업체의 동향까지 제시하는 센스가 필요하다. 그래야만 면접에서 회사에 필요한 인재로 인식된다. 참 어지럽고 복잡한 세상에 살고 있다. 이러한 난세(亂世)의 시대에 여러분은 영웅이 될 자격을 충분히 가지고 있다.

전략적
사 고 ·5

자신 있게
포기하라

오리 브래프먼과 롬 브래프먼은 저서 『스웨이』에서 '20달러 경매'를 소
개하였다. 이 경매의 규칙은 간단하다. 경매의 상품은 '20달러'다. 이 돈
을 차지하기 위해 경매 참가자들은 입찰에 응한다. 가장 높은 가격을 부
른 사람이 이 돈을 차지하지만, 두 번째로 높은 가격을 제시한 차점자는
자신이 부른 입찰가를 실제로 내놓아야 한다. 수업시간에 학생들을 대
상으로 본 경매를 직접 해보았다. 금전적 부담을 줄이기 위해 실제 경매
의 상품은 2,000원으로 하였고, 입찰단위는 100원으로 한정하였다. 최
초 입찰가는 100원부터 시작된다. 입찰이 시작되는 순간, 학생들은 서로
눈치를 보다가 한 학생이 200원을 부르면서 불이 붙게 된다. 300원, 500

원, 700원, 1,000원, 1,500원……, 입찰가는 순식간에 2,000원에 근접한다. 이 순간부터가 중요하다. 학생들은 '2,000원'을 입찰받기보다는 이 경매의 경쟁에서 빠지기를 원한다. 그렇지만 이미 본 경매에 참가한 순간부터 손실은 불가피하다. 자신이 차점자가 되지 않기 위해서는 2가지의 선택밖에 없다. 가장 높은 입찰가를 부르든지, 다른 두 명이 미친 듯이 경쟁해 주기를 바랄 뿐이다. 이 경매를 해보면, 브래프먼의 실험과 동일하게 언제나 2,000원 이상의 금액이 입찰된다. 수업시간에 진행된 여러 번의 실험에서 언제나 입찰가는 평균 만 원이 넘어선다. 서로가 차점자가 되지 않기 위해 입찰가는 높아지고, 나중에는 묘한 승부근성이 나타나기도 한다. 결국 차점자는 나에게 만 원 이상의 금액을 제출한다. 물론 어디까지나 실험이므로 학생들이 낸 돈은 나중에 모두 돌려준다.

'손실기피 현상'이다. 누구나 손실이 발생되기를 원하지 않는다. 그리고 한 번 투자되면 이득이 발생될 것으로 확신한다. 손실이 불가피한 상황이 되더라도 말이다. 투자에 대한 확신은 그 어떠한 반대의견과 데이터도 소용없게 만든다. 오로지 투자에 대한 장밋빛 정보만을 받아들인다. 수익이 없는 데도 사업을 포기하지 못하는 이유다. 도박이 대표적인 예다. 매몰비용오류(sunk cost error) 현상은 지금 관두면 분명한 손실을 인정하는 것이므로 그 방법은 전혀 매력이 없어 보인다. 차라리 최소한 현재 상태를 유지하거나 더 무리하는 것이 상대적으로 매력 있게 느껴진다. 다음과 같은 상황을 한 번 가정해 보자.

　새로운 신규 사업으로 1억 원을 투자하였다. 그러나 급격한 대외환경의 변화로 신규 사업의 손실이 불가피해졌다. 지금 신규 사업을 포기하면 그래도 오천만 원은 보전할 수 있다. 그런데 누군가가 이러한 제안을 한다. 지금 투자금액에 오천만 원을 더 투자(총 1억 5,000만 원)하면 1억 원 정도는 이득이 날 수 있다는 것이다. 여러분이라면 어떻게 하겠는가? 지금 당장 사업을 포기하여 오천만 원의 손실을 보겠는가? 아니면 오천만 원을 더 투자하여 1억 원의 이득을 보겠는가? 얼핏 보면 후자가 나아 보이지만, 실제 오천만 원의 손실이 발생하는 것은 동일하다. 그러나 사람들은 손실보다는 이득이 발생하는 것을 선호한다.

　여러분이 길을 가다가 만 원이 떨어진 것을 발견한다. 주위에는 아무도 없다. 누군가가 분명 흘린 돈이다. 횡재했다. 즐겁게 가던 길을 계속 걸어가다 보니 떡볶이 가게가 눈에 들어온다. 배도 고프고, 돈도 생겼다. 맛있게 떡볶이를 먹는다. 김밥과 튀김까지……. 그리고 계산을 하려고 주머니에서 돈을 찾는데 좀 전에 횡재한 만 원이 손에 닿지 않는다. 아뿔싸! 오던 길에 오락실에서 동전을 꺼내려다 만 원을 흘린 모양이다. 갑자기 허탈감이 몰려온다. 우울하다. 오락을 왜 했는지, 김밥, 튀김까지 왜 이리 많이 먹었는지 후회된다. 그리고 갑자기 배가 아프다. 오락실에서 내 돈 만 원을 누군가가 가져가는 모습이 떠오르기 때문이다. 사실 길에서 주웠던 그 만 원은 원래 나의 돈이 아니었기 때문에 이것을 설령 잃어버린다 하더라도 감정의 변화가 없어야 한다. 그러나 대부분의 사람은 돈을 주웠을 때의 기쁨보다 잃어버렸을 때의 상실감은 훨씬 크게 느낀다. 손실은 이득보다 확대돼 보인다. 그리고 이러한 손실이 어느 시점에 발생할 경우, 아주 큰 피해를 당할 것이라고 생각한다. 이러한 불안 심리를 이용하는 대표적 산업이 보험업계다.

손실기피로 잘못된 의사결정을 피하고, 잘못된 확신의 늪에서 벗어나려면 과거를 흘려보내는 법을 알아야 한다. 포기도 매우 중요한 전략이자 의사결정 방법이다. 『전략의 탄생』의 저자 애비너시 딕시트와 배리 네일버프는 이를 '전략적 포기'라고 표현하였다. 이에 대한 사례로 2000년 미국 CBS사에서 방영한 〈서바이버(survivor)〉의 한 장면을 소개하였다. 서바이버 최종 관문으로 3명이 생존한 가운데, 이제 장대 위에서 오래 버틴 사람이 나머지 1명을 선택한다. 그리고 최종 2명은 결승전에 진출하여 그동안 탈락된 6명의 동료들이 투표로 최종 우승자를 결정한다. 최종 관문에 놓인 3명의 특징은 이러했다. '루디'는 누구나 좋아하는 매력적인 72세 장교예비역으로 지금까지 팀원들을 잘 이끌어왔다. '캘리'는 여성으로 래프팅 가이드이면서, 체력적으로 우월하였다. '리처드'는 키도 작은 데다 큰 특징이 없는 사람으로 저런 사람이 어떻게 최종 관문까지 올라왔는지 의문이 들 정도였으며, 행운아로 불렸다. 과연 이 3명 중 누가 최종 우승자가 되었을까? 바로 주목을 받지 못했던 리처드였다. 어떻게 전혀 매력이라고는 찾아볼 수 없던 그가 우승을 하게 되었을까? 리처드는 장대 위 버티기 게임에서 가장 먼저 탈락하였다. 그러나 이것

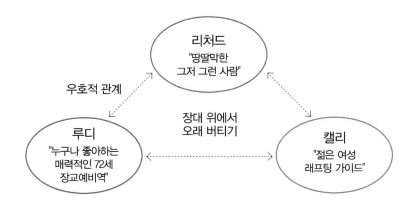

이 그의 탁월한 전략적 포기였다. 왜일까? 그의 선택은 두 가지 중 하나였다. 하나는 장대 위 버티기 게임에서 이겨 2명 중 한 사람을 선택하는 것이다. 이때 캘리를 선택하면 6명의 동료들은 루디를 선택하지 않았다는 이유로 최종 투표에서 캘리를 선택할 가능성이 높았다. 또 다른 선택은 장대 위 버티기 게임에서 우승하지 않는 것이다. 그렇다면, 루디보다 체력이 좋은 캘리가 우승할 확률이 높아진다. 캘리가 우승하게 되면, 루디보다는 자신을 선택할 확률이 높다. 왜냐하면 최종 투표에서 인기가 좋은 루디가 선택될 것이기 때문이다. 이는 자신이 우승을 하더라도 마찬가지다. 누가 우승을 하든 루디를 선택하면 최종 투표에서 질 것이고, 그렇다고 루디를 선택하지 않으면 괘씸죄에 걸려 상대방이 더 많은 표를 얻을 것이다. 그렇다면 굳이 우승을 할 필요가 없어진다. 차라리 지는 것이 우승할 확률이 높아지는 것이다. 결국 이런 계산을 마친 리처드는 장대 위 버티기 게임에서 가장 먼저 탈락하게 된다. 그리고 그의 시나리오대로 캘리가 오래 버티기 게임에서 우승했고, 루디 대신 리처드를 선택함으로써, 그는 100만 달러를 얻게 되었다.

이것이 전략적 포기다. 이러한 포기 전략은 우리나라 정치권에서도 나타난다. 선거에서 여당은 투표율이 낮으면 유리하다고 한다. 왜냐하면 젊은 유권자들이 투표에 많이 참여할수록 야당에게 표를 던질 확률이 높아지기 때문이다. 정치권이 진흙탕이 될수록 누가 더 유리할까? 책임공방을 펼치는 고성, 막말, 몸싸움은 정치권을 더 혐오하게 만든다. 이렇게 되었을 때 정치권에 등을 돌리는 세대는 장년층일까, 아니면 청년층일까? 유권자의 표를 포기하게 만드는 것도 정치권의 고도 전략이지 않을까 싶다.

앞서 소개한 2,000원 경매 실험에서 무모한 손실기피가 발생되지 않으려면 어떻게 해야 할까? 전략적 포기를 유도하는 전략은 무엇일까? 바로 첫 입찰 시 '2,000원'을 부르는 것이다. 첫 입찰가격으로 2,000원이 제시된다면, 다른 사람들이 입찰에 참여할 동기가 사라진다. 그리고 2,000원을 제시한 사람은 돈을 내지 않고, 경매로 올라온 상품을 차지할 수 있다. 또한 어느 누구도 차점자가 되지 않기 때문에 돈을 낼 필요도 없어진다. 자신이 포기하기는 쉽지 않지만, 다른 사람을 포기하게 만드는 전략은 조금 더 쉬운 셈이다.

전략적
사 고 · 6

아는 것이
병이다?

"이거 제가 해봐서 압니다."

전문가 또는 특정분야의 권위자가 일반인에게 이야기할 때 종종 하는 말이다. 필자의 기억에 우리나라의 전직 대통령도 이따금 이런 이야기를 하였다. "저도 정말 가난했던 적이 있습니다" 혹은 "제가 경험했던 일입니다"라고. 사람들은 일반적으로 다른 사람이 이미 경험하였거나 한 분야에서 성공을 거두었다면 다른 분야에서도 그 경험과 능력을 발휘할 것이라고 굳게 믿는다. 특히 전문가일수록 더욱 그렇다. 그래서인지 전문가일수록 비전문가의 마음을 모른다고 한다. 이를 '지식의 저주(the curse of Knowledge)ʹ 현상이라고 부른다.

스탠퍼드대학교의 심리학자 엘리자베스 뉴튼(Elizabeth Newton)은 1990년에 유명한 실험을 하나 진행하였다. 수업시간에 실시하는 실험으로 설명하면 다음과 같다. 학생 중 한 명에게 매우 쉬운 노래 하나를 알려준다. 대한민국 사람이라면 누구나 알 수 있는 노래다. 예를 들어 "학교 종이 땡땡땡" 또는 "아리랑" 같은 노래다. 노래 제목을 전해 들은 학생은 다른 학생에게 책상을 두드려서 알려주며, 다른 학생들은 노래의 음을 듣고 노래가사를 맞추어야 한다. 마치 북을 치듯 책상을 두드려 알려 줄 뿐, 다른 일체의 힌트를 주어서는 안 된다. 노래를 알고 있는 그 학생은 자신 있게 그 노래를 전달한다. 마음속으로 흥얼거리면서 말이다. 그러나 본 실험의 결과 정답을 아는 학생들은 약 30% 미만에 그친다. 여러 번 실험을 진행하였지만 비슷한 결과가 나왔다. 왜냐하면 듣고 있는 학생들에게 그 노래는 "학교 종이 땡땡땡"이 아니라 그냥 "쿵쿵쿵~"이 빨라졌다 느려졌다로 들릴 뿐이다.

이것이 지식의 저주 현상이다. 사람들은 스스로 나는 잘 알고 있다고 생각한다. 그리고 다른 사람들 역시 잘 알고 있을 것이라고 착각한다. 직장, 학교, 사회 곳곳에서 이런 현상은 일어난다. 직장 상사는 부하직원이 이 정도 일도 못 한다고 타박하고, 학교에서는 학생들이 이것도 모른다고 한탄한다. 그래서일까? 모르면 당연히 질문하고 배우면 되는 일인데, 모른다고 말하면 핀잔을 들을까 봐 아는 체한다. 잘 알지도 이해하지도 못하면서 고개를 끄덕인다. 그러면 그 사람은 자기의 지식을 다른 사람도 모두 이해했다고 착각한다. 그리고 역시 자신이 설명을 잘했다고 또 착각한다. 이러한 악순환이 반복될수록 지식의 격차는 계속해서 발생하고 깊어진다.

어느 날 수업시간에 학생들에게 지식의 저주를 설명하며, 팀 미션을 제안하였다. 미션은 초등학교 1학년의 수학을 가르치라는 것이다. 초등학생의 눈높이에 맞추어 설명하는 것이 가장 중요한 상황이다. 교육대학 학생들이 아니기 때문에 이러한 경험은 전무하다. 본 미션의 목적은 지식의 저주 현상을 직접 경험해 보고, 타인과 공감능력을 길러보는 것이다. 이를 위해 행동설계 5단계로 명명된 프로세스를 제안한다. 행동설계 5단계는 배려-관찰-문제발견-상상력 심어주기-공유하기로 구성되어 있다. 본 행동설계 프로세스에 맞춰 수행된 미션의 과제 내용을 소개하면 아래와 같다.

행동설계 5계명	"초등학생을 가르쳐라"는 미션에 대한 실천방안 및 적용내용(학생이 작성하는 부분)
1. 배려하라 "동현이의 진정성과 재웅이의 배려를 기억하라."	아이들의 눈높이에 맞춰 연극을 함으로써, 아이들을 배려하였다. 그리고 이름표와 수료증을 만들 때, 대상이 어린이라는 점을 고려하여 색지와 캐릭터를 이용하였다.

2. 관찰하라 현장으로 달려가서 보아라. 거기서 긍정을 찾아라. "베트남의 Save Children Project를 기억하라."	동천초등학교를 찾아가 1학년 학생들에게 직접 시계 보는 법에 대해 물어보고, 아이들의 수준을 관찰했다. 1학년 아이들이 정각과 30분을 이미 배웠기 때문에, 좀 더 난이도 높은 수업을 진행해야겠다는 생각으로 준비를 하게 됐다.
3. 문제를 발견하라 문제해결을 위해 상대방이 쉽게 실천할 수 있도록 감정으로 이미지 하라. "비만을 줄이기 위한 저지방 우유를 기억하라."	시계를 앞에서 보여주기만 하면 아이들의 이해가 부족할 수 있기 때문에, 모형시계를 직접 만져보게 함으로써 아이들의 오감을 자극해 이해도를 높였다.
4. 행복한 상상력을 심어주라 실천목표가 매력적이고, 실천방법이 즐거움을 보여주어라. "'아니 벌써 효과'를 기억하라."	수업 초반에 아이들과 함께 시계박사 이름표를 만들어서 이미 시계박사가 되었다라는 느낌을 갖게 했고, 마지막에 수료증을 전달한다고 미리 이야기해서 수업에 더욱 집중할 수 있게 했다. 아이들에게 "이 수업이 끝나고 엄마 아빠에게 자랑할 수 있겠다"라는 뿌듯함을 심어주었다. 더불어 수업에서 활용한 시계를 선물함으로써 만족감을 극대화시켰다.
5. 공유하라 혼자가 아닌 함께 임을 보여주라. "환경을 바꾸면 대화가 달라짐을 기억하라."	서로가 서로를 박사님으로 불러주고, 잘 못하는 친구를 옆 친구가 퀴즈를 내면서 같이 이해시키려고 도와주는 과정에서 함께 시계 보는 법을 배우고 있다는 걸 느끼게 하였다.

소크라테스는 말했다. "너 자신을 알라." 그러나 소크라테스가 진정
말하고 싶었던 것은 "너 자신이 아무것도 모르고 있다는 것을 알라"이

'지식의 저주' 현상을 경험하면서 타인과의 공감능력을 길러보자.

다. 즉, 무언가를 알려고 애쓰는 사람, 앎을 얻고자 애쓰는 사람이 되라는 것이다.

"진정한 앎의 추구는 자신이 모르고 있다는 인정에서부터 나온다."

단편적이고 조금 알고 있는 것을 모두 알고 있는 것처럼 잘난 체하지 말라는 가르침이다. 자신도 알기 어려운데, 다른 사람을 알고 있다고 국민을 알고 있다고 쉽게 말해서는 안 되겠다. 모르면 모른다고 손을 번쩍 들고 당당하게 말하라.

여기에
집중해 주세요!

드라마를 보게 되면 종종 배우들이 자동차를 운전하면서 핸즈프리를 이용하여 통화하는 장면을 보게 된다. 지금은 한 손으론 핸들을, 또 다른 한 손으로는 휴대폰을 들고 통화하는 장면은 더 이상 볼 수 없다. 법으로 금지되어 있기 때문이다. 그러나 개인적으론 핸즈프리를 사용하면서 전화하는 장면도 드라마에서 사라지기를 바란다. 왜냐하면 사람들이 보고 배우게 되니까. 『보이지 않는 고릴라』의 저자 크리스토퍼 차브리스(Christopher Chabris)와 대니얼 사이먼스(Daniel Simons)는 핸즈프리 사용에 대한 위험성을 경고하였다.

　일반적으로 핸즈프리를 사용하여 상대방과 통화하면서 운전을 하는 것은 위험하지 않다고 생각한다. 그러나 운전하는 여러분에게 묻고 싶다. 여러분은 운전을 하면서 반드시 양손을 이용하여 운전을 하고 있는가? 혹시 한 손만을 이용하여 운전을 하고 있다면 이 또한 위험한 행위이지 않은가? 운전 중 핸즈프리를 이용한다는 것은 양손을 이용하여 운전을 할 수 있다는 것이다. 스틱 운전자(수동변속 자동차)는 양손이 필요하겠지만, 자동변속기가 대부분인 요즈음, 운전 시 양손이 꼭 필요한 것은 아니다. 물론 안전운전을 위해 양손을 이용하는 것이 좋겠지만, 한 손만으로 운전한다고 해서 법의 처벌을 받지는 않는다. 그럼 다시 핸즈프리로 돌아가 보자. 핸즈프리를 사용한다고 해서 안전운전을 하는 것은 결코 아니다. 문제는 운전 중에 휴대폰을 사용하는 그 자체가 위험한 것이다. 왜 그럴까? 상대방과 통화를 하고 있다는 것은 운전 이외의 다른 것에 신경을 쓰고 있다는 것이다. 특히 보이지 않는 상대방과 대화를 하게 되므로 대화의 내용에 신경을 쓸 수밖에 없다. 즉, 주의력 결핍이다. 사실 한 손으로 운전대를 잡고, 한 손으로 통화를 해도 운전은 잘할 수 있다. 시선은 언제나 도로를 향하고 있기 때문이다. 운전이라는 행위는 오랜 시간 동안 반복된 훈련과 습관으로 인해 인지 능력이 거의 필요하지 않다. 그러나 핵심은 바라본다고 해서 모두 보는 것은 아니라는 것이다. 운전하면서 도로, 신호등, 보행자, 다른 자동차 등을 모두 보고 있지만 통화를 하게 되면 이러한 신경이 분산된다. 위기사항에서의 순간적

대처능력은 자동시스템(운동신경)이 작동되어야 하지만, 통화를 하게
되면 이성적 판단이 뇌를 지배하게 된다.

코넬대학교 사회심리학자인 토머스 길로비치(Thomas Gilovich)는 재
미난 실험을 통해 사람들이 바라보는 것과 보는 것의 차이점을 말해준
다. 몇몇 실험참가자인 대학생들에게 왕년의 스타 가수 얼굴이 큼지막하
게 인쇄된 티셔츠를 입고 많은 학생들이 있는 강당에 들어가도록 하였
다. 이 티셔츠를 입은 학생들에게 다른 사람들이 얼마나 알아볼 것인가
를 물어본 결과, 약 46% 정도가 알아볼 것이라고 응답하였다. 그러나 실
제로 이 티셔츠를 눈여겨본 사람은 23%에 불과했다. 다른 유명인사(코
미디언, 마틴 루터 킹)들의 인물사진 티셔츠는 오히려 앞선 실험보다 인
지율이 더 낮았다. 이를 조명효과(spotlight effect)라고 한다. 많은 사람
들이 자신을 주목할 것이라고 생각하지만 실제로는 전혀 그렇지 않다.
다시 말해, 많은 사람들이 자신을 바라보고 있다고 생각하지만 보고 있
을 뿐 관심은 없다. 자신의 머리 모양, 옷, 얼굴 등을 다른 사람들이 보고
있다고 생각하지만 실제로는 거의 인지하지 못한다. 남의 시선을 의식하
는 것은 결국 본인의 착각인 경우가 많다. 나이트클럽에서 자신의 춤을
다른 사람들이 보고 있다고 생각하지만 실제로는 남성들이 여성들을 면
면히 보고 있을 뿐, 춤을 보고 있는 것은 아니다. 그러니 자신이 몸치라
도 음악에 몸을 맡기면 된다.

회사에서 또는 대학 수업에서 열심히 프레젠테이션과 강의를 하면 대

부분의 사람이 집중하고 있다고 생각한다. 그러나 착각이다. 졸고 있지 않으면 다행이다. 처음에는 졸지 않던 청중도 10분 이상이 지나면 슬슬 딴짓을 하거나 졸음이 오기 시작한다. 그러므로 핵심내용은 처음부터 어필해야 한다. 세계적인 강연 프로그램으로 각광받고 있는 TED(www. ted.com) 또한 한 연사가 강연할 수 있는 시간을 18분으로 제한하고 있다. 청중들이 깨달음의 시간을 얻는 데 절대 지루해선 안 되며, 이는 18분이면 충분하다는 이유에서다. 사람들의 집중력이 가장 높을 때는 시작하는 순간이다. 시작할 때는 대부분의 사람이 보고 있기 때문에 어렵지 않게 메시지를 전달할 수 있다. 그리고 중반으로 갈수록 청중의 집중력을 높이기 위해 온갖 수단을 동원해야 한다. 질문, 유머, 재미난 사례, 멀티미디어 등을 동원해서 졸음을 멀리할 수 있도록 노력해야 한다. 회의나 발표 때 집중력을 높일 수 있는 방법 중 하나는 발표하는 사람과 회의에 참석한 사람 모두 일어서서 진행하는 것이다. 모두 일어나서 발표를 듣는다면, 청중들도 쉽게 졸거나 딴짓을 하지 못할 것이다. 또한 발표자도 청중들의 불편한 다리를 위해 가능한 한 빨리, 그리고 핵심내용만을 담아서 발표할 것이다. 특히 눈을 부릅뜨고 보고 있는 사장님의 표정은 이런 말을 하고 있다. '빨리 끝나겠지. 그래 무슨 말을 하나 보자.'

혹시 청중을 모두 일어나게 할 용기가 없거나 분위기가 아니라면, 질문을 유도하는 것이 최선의 방법이다. 질문을 하겠다고 생각하면 발표의 내용에 집중할 수밖에 없고, 절대 졸지도 않는다. 그러니 수업이든 강연

수많은 청중을 집중시킬 수 있는 방법은?

이든 질문을 장려하거나 짧게 이야기하라. 30분이 넘는 강연에서 혹시 강연자만 이야기하고 있다면 당신은 세계 최고의 언변을 가지고 있는 셈이다. 물론 눈 뜬 사람들에게만.

계단은
어디 있나요?

"우리 학교 경제학과 박 모 군은 수업에 늦지 않으려고, 엘리베이터를 이용하여 강의실로 이동한다. 하지만 엘리베이터가 내려오길 기다리고, 매 층에서 사람이 내리는 탓에 종종 지각을 한다. 과연 계단이 아닌 엘리베이터를 이용하는 것이 정말 효율적일까?"

위 질문은 수업시간에 학생들과 논의한 주제 중 하나다. 계단을 이용하는 것이 건강에도 좋고, 에너지도 절감할 수 있는 방법이라고 하지만 알고 있는 것과 이를 실천하는 일은 별개의 문제다. 물론 고층으로 갈 경우에는 엘리베이터나 에스컬레이터를 이용해야겠지만, 여러분은 몇 층까지 계단을 이용하겠는가? 2층? 아니면 3층까지?

근래에 계단에 대한 사람들의 인식을 변화시키기 위한 여러 가지 시도들이 있었다. 2009년 포스코 건설에서는 건강관리 캠페인으로 1층부터 36층까지 층별로 칼로리 소모량을 표시해 임직원들이 직접 운동량을 측정하고, 운동 목표치를 관리할 수 있도록 하였다. 이러한 칼로리 계단은 공공기관에서도 널리 활용되고 있는데, 계단 하나를 오르면 4초의 수명을 연장할 수 있고, 1층부터 15층까지 400여 개의 계단을 오르면 10분간 쉬지 않고 팔굽혀펴기를 했을 때와 동일한 운동효과를 얻을 수 있다고 홍보한다. 그리고 계단을 이용하는 사람은 엘리베이터만 타는 사람보다 사망률이 평균 25~33%가 줄어든다는 연구결과도 있다. 또한 4층 미만은 엘리베이터를 운행하지 않고, 4층 이상은 격층으로 운행하면 엘리베이터 운행횟수를 약 20% 정도 줄일 수 있다고 한다. 이렇게 사람들에게 계단을 이용하면 건강에도 좋고 에너지 절감에도 도움이 되지만, 무엇보다 시간 면에서도 큰 차이가 없음을 인지시키는 것이 중요하다.

학생들과 함께 2주에 걸쳐 본교의 계단이용에 대한 실태를 조사하였다. 조사기간 동안 약 1,500여 명의 동선을 파악한 결과, 엘리베이터는 평균 53.3%, 계단은 평균 46.7%를 이용하는 것으로 조사되었다. 조사된 건물은 총 6층으로 6개의 엘리베이터와 4개의 출입구가 있다. 유동인구가 가장 많은 점심시간에 3층으로 올라갈 경우 엘리베이터는 평균 28초,

계단은 33초가 소요되어 시간적 차이에서도 미미한 것으로 조사되었다. 본 조사에서 주목할 점은 사람들이 계단의 위치가 시야에 쉽게 들어올 경우에는 계단 이용률이 매우 높지만, 그렇지 않을 경우에는 엘리베이터를 이용하는 비율이 매우 높다는 것이었다. 조사대상이 된 건물에는 총 4개의 출입구가 존재하는데, 입구에서 건물로 들어갈 때 계단이 바로 보이는 출입구의 경우에는 계단 이용률이 70%인 반면, 계단이 쉽게 보이지 않을 경우에는 30%만이 계단을 이용하였다. 결과적으로 아무리 사람들에게 건강에 좋고 에너지도 절감되며, 소요시간에도 차이가 없다고 이야기를 한들, 계단이 쉽게 눈에 보이지 않으면 "계단이 어디 있을까"를 묻지도, 생각하지도 않는다는 것이다. 그냥 본능적으로 엘리베이터의 편리함을 이용한다.

　이러한 조사결과를 바탕으로 일주일에 걸쳐 계단의 위치가 어디인지를 알 수 있도록 간단한 안내 표지판을 제작하여 부착하였다. 그 결과 계단 이용률이 평균 9.6%가 상승되는 놀라운 효과를 얻을 수 있었다. 아무리 몸에 좋고, 경제적으로 이득이 된다고 하더라도 눈에 보이지 않으면 또는 쉽게 할 수 없다면 무용지물이 된다는 것을 알 수 있다. 그리고 이러한 표지판이 매우 세련되고, 잘 만들어지지 않더라도 사람들에게 한 순간 인지시키는 것만으로 충분히 효과가 있다는 것이다(제시된 그림은 수업시간에 학생들이 직접 제작한 안내 표지판으로 그리 세련되지는 않아 보인다). 안내 표지판을 제작할 때 한 가지 더 강조한 점은 '2층까지'

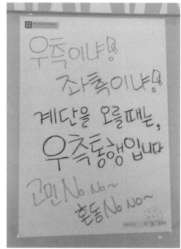

라는 문구였다. 우선 2층까지 계단을 이용한다면 3층과 4층도 이용할 가능성이 높다고 판단했기 때문이다. 이는 사람들이 올라갈 때보다 내려갈 때 계단을 이용하는 비율이 더 높은 것처럼, 계단을 이용하는 것이 힘들지 않다고 인식시키는 것이 중요하다. 4층까지 계단을 이용하자고 할 때 사람들은 이런 생각을 한다. '그래 운동 삼아 계단을 이용하자.' 그러나 계단을 이용할 때마다 이런 작은 결심을 매번 해야 한다는 것은 사실 스트레스가 될 수 있다. 우리의 뇌는 기본적으로 편안함을 추구하기 때문에 이런 사소한 부분까지 일일이 판단하는 것을 싫어한다. 고로 계단이냐 엘리베이터냐를 결정해야 하는 그 순간을 사람들은 회피하려 한다.

그러므로 '한 층=계단=아무렇지도 않은 일'이라는 인식이 무엇보다 중요하다. 살을 빼라고, 에너지를 절감하자고, 지구를 살리자고 인식시키는 것도 중요하지만, 사실 인식시키지 않도록 인식시키는 일이 보다 고차원의 일이다.

최근에 폭스바겐(Volkswagen)에서 재미있는 계단을 만들었다. 피아노 건반모양의 계단으로, 센서를 부착해 계단을 오를 때마다 건반 소리가 나는 '피아노 계단'이다. 어떠한 안내 표지판도 부착되지 않았지만, 이 피아노 계단을 우연히 이용한 사람들은 그 재미에 여러 번 계단을 오르락내리락하였다. 우리나라에서도 이와 비슷한 계단이 만들어졌는데 서울시와 한국야쿠르트에서는 한 번 오를 때마다 10원씩 적립되는 '기부하는 건강계단'을 만들어 운영하고 있다. 계단에서 가야금 소리가 난다고 하는데, 이 또한 사람들의 호응이 매우 좋다고 한다. 건강, 에너지 절감에 재미와 기부가 더해진 계단의 새로운 변신이 흥미롭다.

내겐 너무
가벼운 그녀

어느 날 많은 사람들로 붐비는 레스토랑에서 나의(남성) 눈앞에 평생을 꿈꿔왔던 이상형(여성)이 등장한다. 그리고 그 사람을 놓치지 않기 위해 어쩌면 인생에서 한 번뿐일 지금 이 순간에 용감히 고백하기로 결심한다. 천천히 그녀 앞으로 다가간 후 나의 모든 것을 당신에게 걸겠노라고, 이런 나에게 기회를 줄 수 있는지를 떨리는 목소리에 담아 진심을 고백한다. 그리고 애절한 눈빛을 보낸다. 나의 고백에 많은 사람들의 시선이 모인다. 그런데 웬걸? 그 여성은 처음 보는 나의 고백에 당황하면서도 잠시 생각에 잠기다가 자신의 연락처를 주는 것이 아닌가! 이럴 수가. 지금 이 순간 나는 세상에서 가장 행복한 남자이리라. 이렇게 아름다운 여성에게 지금까지 애인이 없었다니. 여기서 잠시! 혹시 이 여성에게 어떤 결점이 있는 것은 아닐까? 아니면 꽃뱀?

이제 세상에서 가장 운 좋은 나는 그 여성과 몇 번의 만남을 통해 서서히 연인 사이로 발전하게 된다. 그런데 만나면 만날수록 이 여성은 정말로 완벽하다. 외모, 학벌, 그리고 재력가의 외동딸이라니!(야호) 거기다 그녀는 중증 어린이 환자를 돌보는 천사 같은 간호사가 직업이다. "하느님! 감사합니다. 이런 완벽한 천사를 저에게 내려주시다니."

그녀와 야외 데이트를 할 때면 모든 사람이 우리를 바라본다. 당연히 그럴 수밖에. 이런 미모의 여성이 나의 팔짱을 끼고 있는데 얼마나 부러울까? 단지 이상한 점은 주위의 남자들이 모두 우리를 보고 있건만 왠지 나를 이상하게 쳐다보는 이 느낌은 뭐지? 저 눈빛은 나를 불쌍하게 쳐다보고 있는 것 같기도 하고…….

사실은 이랬다. 완벽하게 보이는 이 여성의 모든 것은 사실이었지만, 단 하나. 그녀는 실제 136kg의 뚱보였지만 오직 이 남성에게만 쭉쭉 빵빵 절세미녀로 보였던 것이다. 자, 여기서 질문을 하나 하겠다. 만약 여러분이 이 남성(또는 반대로 여성)이라면 어떻게 하겠는가? 분명 나의 눈에 이 여성은 절대 뚱보가 아니며 매력적인 외모를 가지고 있다. 그런데 이 여성이 엄청난 뚱보라는 사실을 결국 다른 사람을 통해 알게 되었다. 그래도 나의 눈에만 미녀로 보이면 되는 거 아닌가? 아니면 나를 제외한 모든 사람(특히 친구들)의 시선을 신경 써야 할까? 여러분이라면

이 뚱보 여성과 진심으로 사랑해 결혼을 하겠는가?

　평생을 절세미녀만을 바라보는 남자 주인공을 일깨워주기 위해 한 심령술사가 최면을 걸면서 시작되는 이 재미난 설정은 2002년에 개봉한 영화 〈내겐 너무 가벼운 그녀〉의 주요 스토리다. 우리는 남의 시선 따위는 전혀 신경 쓰지 않고, 내가 정말 좋아서 진심으로 사랑하고 행동하고 있는가? 정말 사랑하지만 주위의 따가운 시선, 때론 비웃음 때문에 힘들어하지는 않는가?

　심리학에 피그말리온 효과(pygmalion effect)라는 것이 있다. 이는 다른 사람들이 부여한 긍정적인 특성대로 행동하는 현상을 말한다. 반대로 골렘 효과(golem effect)는 부정적인 특성대로 행동하는 현상이다. '예쁜 여자는 마음씨도 곱다'는 선입견이 피그말리온 효과다. 1977년, 마크 스나이더(Mark Snyder)는 실제로 이 피그말리온 효과에 대한 실험을 실시했다. 본 실험은 오로지 여성들의 간단한 자기소개서를 본 남성들이 여성에게 전화를 거는 일종의 폰팅이었다. 이때 여성의 사진들은 본인 사진이 아니라 미모의 여성들 사진이다. 물론 지금은 포토샵이라는 기술로 자신의 사진을 꾸밀 수가 있겠지만 실험 당시는 70년대였다. 당연히 남성들은 전화를 하고 있는 그녀들이 미모의 여성이라고 생각하며 달콤한 말들을 쏟아냈다. 그런데 본 실험의 핵심은 이런 남성들의 대화를 통해서 변화되는 여성들의 모습이었다. 남성들의 지대한 관심과 은밀한 유혹에 부응하기 위해 그녀들은 목소리, 자세, 미소 심지어 대화의 내용에서 스스로 '아름다움'을 드러내 보이고 있었다. 바로 피그말리온 효과다. 결국 상대방이 자신을 어떻게 평가하느냐에 따라 나의 대처 또한 달라진다는 것이다.

다시 그 영화의 결론으로 돌아가면 이 남자는 사랑하는 그녀에 대한 주위의 비웃음을 참지 못한다. 오로지 인생의 반려자는 절세미녀여야 한다고 믿었던 그였기에 뚱보인 그녀를 받아들일 수 없었다. 그리고 헤어진다. 여기서 영화가 끝이 나냐고? 설마. 이 유쾌한 영화는 진정한 사랑은 외모가 아님을 깨닫게 된 남자가 '내겐 너무 가벼운 그녀'와 결혼을 하면서 끝나게 된다.

영화는 영화일 뿐이라고, 현실은 그렇지 않다고 말하는 분들을 위해 한 가지 더 이야기하려 한다. 피그말리온 효과가 좋지만 나에 대한 골렘 효과는 어떻게 극복할 수 있을까? 다른 사람이 부정적으로 평가한 대로 그렇게 살 수 없지 않은가? 이런 분들에게 당당히 말하고 싶다. 자신의 단점을 숨기지 말고, 오히려 당당히 밝히라고. 학생들에게 수업 과제로 다음과 같은 미션을 주었다.

"자신의 약점, 고치고 싶은 점을 메시지로 만들어봅시다. 그리고 이 메시지를 여러분의 옷에다 붙이고 하루 동안 돌아다니세요."

학생들에게 이 미션이 주어졌을 때, 반응은 난리가 아니었다. 그렇지만 힘든 하루를 보내고 학생들이 제출한 보고서는 기대 이상이었다. 일명 '면티 캠페인'으로 불린 본 프로젝트에 참가한 한 학생의 소감은 이러했다.

"면티를 입고 I관에서 F관까지 얼굴을 가리며 올라갔고, 바로 도망치듯 전공 수업 교실로 뛰어 들어갔다. …… 나의 면티를 본 친구는, 이렇게 자신의 단점을 티에 크게 써서 붙이고 돌아다니는 것은 엄청난 자신감과 당당함이 필요한 것이며 자신의 단점을 극복할 수 있는 계기가 될 것이라고 말했다. 만들 때는 오늘 하루만 입고 버려야지라는 생각으로 만들었지만 지금 그 티셔츠는 내 침대 머리맡에 걸려 있다. 티셔츠를 보면서 나의 단점을 극복하리라 마음속으로 다짐하면서."

실습수업 장면: 자신의 꾸물대는 단점을 표현한 면티 문구. (앞면) 꾸물대지 마, (뒷면) 그러
다 밟힌다!

실습수업 장면: 자신의 뚱뚱함을 극복하기 위한 문구. (앞면) 뚱뚱한 사람은, (뒷면) 긁지 않은
복권이다.

가위바위보
게임 전략

여러분과 가위바위보 게임을 해보려 한다. 준비되었는가?

"가위-바위-보."

여러분은 무엇을 내었는가? 필자는 '보'를 냈다. 만약 여러분이 이겼
다면 다행이다. 다시 한 번 더 하자.

"가위-바위-보!"

이번에는 무엇을 냈는가? 필자는 이번에도 똑같이 '보'를 냈다. 이번에도 여러분이 이겼다면 정말 대단하다. 만약 여러분이 두 번 모두 졌다면 필자가 대단한 건가?

우리는 어렸을 때부터 지금까지 가위바위보 게임을 즐겨 해왔다. 그런데 가위바위보 게임은 실력일까, 운일까? 우리 주위에는 가위바위보 게임을 유독 잘하는 사람들이 있다. 한 번도 진 적이 없다고 말하는 것은 거짓말이겠지만, 그래도 이기는 확률이 높은 사람들이 있다. 이 사람들은 운이 좋은 것일까, 아니면 똑똑한 것일까? 아래와 같은 가위바위보 게임이 있다고 해보자. 이 중에서 여러분은 어느 것이 실력이고, 어느 것이 운이라고 생각하는가?

(1) 일대일(1:1) 단판 승부에서 이겼을 때

(2) 일대일(1:1) 7전 4승제에서 이겼을 때

(3) 일대칠(1:7) 단판 승부에서 모두(7명) 이겼을 때

(1)번 일대일 단판 승부에서 이겼다면 아마 운이라고 생각할 것이다. 그렇다면 (2)번 일대일 7전 4승제와 (3)번 일대칠 단판 승부에서 모두 이긴 경우, 어느 것이 진정한 실력일까? 가위바위보 게임에서 이길 확률은 1/3이다. 질 수도 있고 비길 수도 있기 때문이다. 그럼 두 번 연속해서 이길 확률은 어떻게 될까? 1/6이라고 생각한다면, 첫 번째와 두 번째

승부의 연속성을 고려한 것이다. 다시 말해, 첫 번째 승부에서 상대방이 어떤 수를 냈는지 곰곰이 생각한 후에 두 번째 승부에서 가위바위보를 결정했다는 뜻이다. 이때는 가위바위보 게임도 전략이 된다. 대체로 두 번째 승부에서는 누구나 상대방의 이전 수를 고려한다. 그러므로 (2)번 일대일 7전 4승제에서 이겼다면, 상대방의 심리전에서 전략을 사용했을 확률이 높아진다. (3)번 일대칠 단판 승부에서 일곱 번 모두를 이긴 경우가 실제로 더 대단하다고 생각되지만, 서로 다른 사람과의 일대일 승부이기 때문에 1/3의 확률이 일곱 번 연속되는 것이나 마찬가지다. 결국 억세게 운이 좋은 셈이다. 물론 상대방이 이전 게임에서 어떤 수를 냈는지 참고할 수 있다면 나의 '운'이 상대방에게 간파당할 수도 있다. 그런데 (3)번의 경우, 일곱 번의 일대일 승부에서 모두 이긴다면 이것을 다만 '운'이 좋다고 생각할 수 있을까?

심리학에서 평균회귀현상(regression to the mean)이라는 것이 있다. 이를 통해 행운과 노력(실력)의 차이점을 구별할 수 있다는 것이다. 첫 해에 뛰어난 실력을 보인 선수이거나 신인상을 받은 선수는 다음 해에 성적이 좋지 못한 경우가 많다. '2년 징크스'라는 속설이다. 다음에 간식당의 음식 맛이 처음보다 별로인 경우가 있다. 결국 평균회귀현상이란 행운이 작용해 예외적인 상황이 발생했다면, 다음번에는 평균 수준으로 돌아가기 쉽다는 것을 말한다. 다시 말해, '운'으로 얻은 성과는 지속되기 어렵다는 것이다.

우리 주위에서 성공한 사람을 보면서 '저 사람 정말 운이 좋아'라고 말하는 경우가 있다. 또는 성공한 사람들에게 성공한 이유를 물어보면 '운이 좋았습니다'라는 겸손의 인사말도 종종 듣는다. 하긴 성공한 사람이 '오로지 저의 실력이며, 노력 덕분입니다'라고 말하면 왠지 재수 없다고 느껴진다. 결국 '행운'은 '겸손의 미덕'이 된다. 혹시 당신의 성공은 정말 운이 좋은 것인가? 그렇지 않을 것이다. 노력하지 않고 어떻게 성공할 수 있었겠는가? 99%의 노력과 1%의 행운이지 않은가. 그렇지만 우리 주위에는 이 1%의 행운이 없어 정말 절망하는 사람도 있다. 자신은 정말 운이 없는 사람이라고 한탄하는 사람도 있다. 정말 최선을 다해 노력했는데 1%의 운이 따라주지 않는 경우가 있다. 자신의 노력과는 상관없이 환경 때문에 또는 시기를 잘못 타서 실패하는 경우도 있다. 필자의 주위에는 30년 전 빌린 돈을 갚지 못해 미안한 마음으로 삼성전자 주식을 돈을 빌려준 이에게 일부 주었단다. 지금 그 사람은 부자가 되었다. 어떤 이는 동남아에서 관광객을 대상으로 한 쇼핑몰에 투자하였는데, 3개월 뒤에 '사스(sars)'가 터져 해외 여행객의 발길이 뚝 끊어지면서 투자한 돈을 모두 잃고 말았다. 신이 내린 농구선수라고 일컬어지는 마이클 조든(Michael Jordan)은 99%의 노력과 1%의 행운을 가진 선수였다. 이 1%는 그의 타고난 재능이다. 타고난 1%의 재능에 99%의 노력이 더해졌기에 그는 불멸의 선수가 되었다.

그런데 성공한 사람이 '운'을 이야기하면 '겸손'이지만, 실패한 사람이 '운'을 탓하면 '자기 평계'로 격하되기 쉽다. 1%의 운으로 성공한 사람은 결국 평균회귀(실패)를 한다. 반대로 1%의 운이 없어 실패한 사람도 언젠가는 평균회귀(성공)를 한다. 99%의 실력이 있고, 포기하지 않는다면 성공할 수 있다는 이야기다.

일곱 번의 일대일 가위바위보 게임에서 몇 번은 이길 수가 있다. 그렇지만 일곱 번을 모두 이긴다면 억세게 운이 좋은 사람이든지, 가위바위보의 진정한 실력자로 평가받을 것이다. 그러나 중요한 것은 일곱 번이 아니라 하나의 게임에 집중해야 한다는 것이다. 9회 말 투아웃, 만루의 상황에서 가장 중요한 건 무엇일까? 어디에 집중해야 할까, 승리? 패배?

아니다. 바로 지금 이 순간, 한 개의 공이다. 야신(野神) 김성근 감독이 일구이무(一球二無)라고 하지 않았던가! 공 하나는 있고 두 개는 없다. 즉, 내가 던질 이 공이 마지막이다라고 생각하고 매 게임 전력투구를 해야 한다.

세계 가위바위보 협회에서 제안하는 게임 전략

가위바위보 게임은 19세기 말 일본에서 발명되었다고 한다. 그 후에 전 세계로 급속히 전해졌으며, 서양에는 20세기에 전파되었다. 미국과 영국에서는 가위바위보에 대한 필승전략을 담은 책이 판매 중에 있는데 1918년도에 설립된 세계 가위바위보 협회에서 출간한 것이란다. 또한 본 협회에서 주관하는 가위바위보 게임이 매년 열린단다. 상금도 무려 만 달러가 걸려 있다. 게임의 형식은 3전 2승제가 1세트이며 총 3세트로 구성되어 있다. 세계 가위바위보 협회에서 제안하는 전략을 잠시 살펴보자.

작전 1. 바위를 공략한다. 남성들은 본능적으로 바위를 낸다고 한다. "남자는 역시 바위야"라는 말도 있다. 그래서 보를 내서 이긴다.
작전 2. 작전 1의 심리를 역이용한다. 상대방이 보를 낼 것을 역이용하여 가위를 내서 이긴다.

작전 3. 하수의 경우, 내가 냈던 패를 다음 판에 따라 하는 경우가 있
다고 한다. 만약 내가 가위를 냈다면, 다음 판에서 상대방이
가위를 따라 낼 가능성이 높으므로 바위를 내서 이긴다.

작전 4. 가위바위보 게임을 하기 직전에 손의 경직 상태를 파악한다.
손에 힘이 잔뜩 들어가 있으면 바위를, 힘이 빠져 있다면 보,
두 번째와 세번째 손가락에만 힘이 들어가 있으면 가위를 낼
가능성이 높다고 한다.

작전 5. 확률적으로 가위와 바위는 각각 35%와 35.4%로 비슷하게 등
장하지만, 보는 29.6%만 낸다고 한다. 다시 말해 '보'가 나올
확률이 가장 낮으므로 이를 역이용하는 전략이다.

작전 6. 관찰한다. 상대방이 다른 사람들과 게임을 하고 있을 때 패턴
을 익히는 것이다. 정해진 패턴이 있다면 그 방법을 역이용하
는 것이다.   출처: http://puwazaza.com/166

세계 가위바위보 협회에서 제안한 전략들을 살펴보면, 이런 생각이
든다. 정말 아무 생각 없이 하면 이길 확률이 낮아진다. 그런데 한편으로
너무 복잡하게 생각해도 이길 확률이 낮아진다. 왜냐하면 상대방이 어떤

수를 낼 것인지를 생각하면 상대방도 그렇게 생각할 것이고, 서로 끝없이 상대방의 수를 예측한다. 결국 복잡해지면 우리 인간은 단순하게 행동한다. 이때 필요한 전략은 오히려 무작위 전략(random strategy)이다. 즉, 복잡한 전략보다 오히려 전략이 없는 것이 유리할 수 있다는 것이다. 이를 통해 상대방이 나의 전략을 예측하기 힘들게 만든다. 가위바위보 게임에서 나는 아무 생각 없이 수를 냈는데, 상대방은 이를 복잡하게 생각하다가 결국 자기 꾀에 자기가 넘어갈 수 있다는 말이다.

다음 중 어느 게임에
참가하시겠습니까?

대니얼 카너먼(Daniel Kahneman)은 노벨 경제학상을 받은 최초의 심리
학자이자 행동경제학의 창시자다. 대니얼 카너먼과 그의 평생 동료였던
아모스 트버스키(Amos Tversky, 이분은 고인이 되었다)는 경제학과 심
리학의 경계를 허물고 인간의 행동을 새롭게 정의하였다. 이들은 경제학
에서 바라보는 합리적 인간이 아닌 비합리성과 그에 따른 잘못된 의사
결정을 다룬 수많은 기념비적 논문을 집필하였다. 대니얼 카너먼의 저서
『생각에 관한 생각』을 읽으면서 문득 이런 생각이 들었다. 자신의 성향
을 알고 있다면, 생각의 지침서를 만들 수도 있지 않을까? 다음의 표는
책의 내용을 이해하기 쉽게 재정리한 것이다.

	이득	손실
높은 확률 **"확실성 효과" 작용**	- 1만 달러를 딸 확률 95% - 실망의 두려움 - 위험 회피 - 비우호적 해결 수용 　(마음의 평화) - 예: 유산상속	- 1만 달러를 잃을 확률 95% - 손실 회피 기대 - 위험 추구 - 우호적 해결 거부 - 예: 도박
낮은 확률 **"가능성 효과" 작용**	- 1만 달러를 딸 확률 5% - 대규모 이익 기대 - 위험 추구 - 우호적 해결 거부 - 예: 복권	- 1만 달러를 잃을 확률 5% - 대규모 손실 우려 - 위험 회피 - 비우호적 해결 수용(마음의 평화) - 예: 보험

여기 1,000만 원을 딸 수 있는 게임이 있다. 그리고 이 돈을 획득할 수 있는 확률은 95%다. 물론 동시에 돈을 잃을 5%의 확률도 존재한다. 여러분은 이 게임에 참여할 것인가? 아마 대부분의 사람이 참여할 것이다. 그럼 이번에는 반대의 게임이 있다. 똑같이 1,000만 원을 딸 수 있는 게임이지만, 그 확률이 5%밖에 되지 않는다. 대부분의 사람들은 이 게임을 외면한다. 하나씩 살펴보자.

(1) 첫 번째 경우인 1,000만 원을 딸 확률이 95%인 게임에 참가하는 사람들은 일반적으로 위험회피자의 경향을 가진다. 이들은 엄청난 유산을 물려받는 공상을 하거나 드라마 속에 등장하는 황태자를 부러워하는 일반 시민이다. 이들은 95%의 이득보다 5%의 손실을 더 두려워한다.

당신이 10억 원의 유산을 물려받았다고 가정해 보자. 그런데 이복동생이 이에 반발해 유언장 소송을 제기했다. 변호사는 당신에게 승소 확률이 95%에 이를 만큼 높다고 독려한다. 반면, 사법부의 판단을 결코 완벽하게 예상할 수 없다는 말도 덧붙인다(이러한 말들이 사람들을 불안하게 만드는 5% 손실의 힘이다). 이때 위험 중재 전문 회사에서 당신에게 9억 원을 주고 이 소송을 매입하겠다고 한다. 제시된 9억 원은 100%의 확률이며 여러분에게 바로 주어진다. 그러나 변호사를 통해서 소송을 진행할 경우, 법원 판결에 대한 기댓값은 9억 5천만 원이다. 즉, 중재 전문 회사에서 제시한 금액보다 5천만 원이 많다. 만약 본 제안에 동의한다면, 여러분은 5%의 잃을 확률을 두려워하는 위험회피자이며 마음의 평화를 선호하는 경향을 가진다.

(2) 반대로 두 번째 경우인 1,000만 원을 딸 확률이 5%밖에 되지 않는 게임은 누가 참가할까? 이 또한 평범한 일반 시민들의 모습이다. 이들의 모습을 우리는 로또 판매처에서 무수히 볼 수 있다. 소위 '대박'을 꿈꾸는 위험추구자다. 물론 감당할 수 있는 위험이기에 누구나 참여는 가능하다. 지속적으로 로또를 구입하는 사람들은 낮은 확률임에도 불구하고 가능성의 효과를 믿는 사람들이다. 이들은 대규모의 이익을 기대한다. 이런 성향을 가진 사람들에게 차라리 그 돈을 아껴 저축하거나 생필품을 사거나 자녀들의 과자라도 사라는 우호적 제안은 거부되기 쉽다. 이들은 약한 개인주의자로서, 일어날 확률이 희박한 '대박'을 꿈꾸는 몽

상가들이기도 하다. 일어나지 않을 확률에 기쁨을 추구한다.

(3) 이번에는 1,000만 원을 잃을 수 있는 확률이 95%인 게임이 있다. 과연 어떤 사람들이 이런 무모한 게임에 참여할까? 그렇다. 도박중독자다. 이들은 95%의 손실이 뻔히 보이는 이 무모한 게임에서 자신은 손실이 발생하지 않을 것이라고 확신한다. 오히려 확률적으로 희박한 5%의 대박으로 모든 손실을 만회할 수 있다고 생각하는 진정한 위험추구자다. 도박의 중독이 자신뿐 아니라 가족에게도 큰 상처가 될 것이라는 것을 알면서도 주위의 만류를 뿌리친다. 강한 자존감을 가진 이들은 이기적 성향을 가지고 있다.

(4) 반대로 1,000만 원을 잃을 확률이 단 5%인 게임에 참가하는 사람들은 누구일까? 이들 또한 1,000만 원을 딸 95%의 확률을 가진 게임 참가자와 비슷한 성향을 가지고 있다. 잘 일어나지 않을 5%의 확률을 두려워하며 혹시 모를 미래의 불안전을 피하려 한다. 이들에게 도박중독자는 이해할 수 없는 사람들이다. 혹시 모를 대규모 손실을 피하기 위해 이들은 보험에 가입한다. 여러 가지 안전장치를 마련하면서 마음의 평화를 추구한다. 또한 스스로를 철저한 사람이라고 확신하며, 준비된 인생을 즐기고자 한다. 이런 위험회피 성향은 1,000만 원을 딸 95%의 확률을 가진 게임 참가자보다 한 수 위라 볼 수 있다.

여러분은 이러한 4가지의 게임이 존재한다면, 어디에 참여하겠는가?

어떤 게임에 참여하든 이들은 우리의 일반적인 모습이며, 누구에게나 일어날 수 있는 우리들의 자화상이다. 이득을 추구하려는 인간과 손실을 회피하고 싶은 인간은 하나의 인간이며, 동시에 두 개의 자아를 가진 우리의 모습이다. 우리는 또 다른 자신의 행동에 후회하고, 실망할 때가 있다. 그러나 이를 극복한 자신의 모습을 보면서 자랑스럽게 생각한다. 그렇다. 진정 후회하고 실망할 때는 이를 극복하려는 의지가 없는 자아를 발견할 때다. 하지 않고 후회하는 것보다 하고 나서 후회하는 것이 더 낫다고 생각한다.

우리는 흔히 끝이 좋으면 모든 게 좋다는 착각을 한다. 60세까지 화려한 인생을 살았고, 60세 이후 그럭저럭한 삶을 살다가 65세에 갑자기 교통사고로 사망한 사람이 있다. 여러분은 이 사람의 삶을 어떻게 평가할 것인가? 이 사람의 삶을 1점부터 10점까지 평가한다면 몇 점을 줄 것인가? 또 다른 한 사람의 삶이 있다. 이 사람은 60세에 교통사고로 죽었는데, 죽기 전까지 정말 멋진 삶을 살았다. 이 사람의 삶을 역시 10점 척도로 평가한다면 몇 점을 줄 것인가? 하버드대학교의 심리학과 교수인 대니얼 길버트(Daniel Gilbert)는 본 실험을 통해 전자의 삶보다 후자의 삶을 더 많은 사람들이 선호하였음을 보여준다. 결국 사람들은 화려하게 살다가 삶을 마감한 인생이 더 좋다고 평가하였다. "그래, 그 사람은 살아 있는 동안에는 정말 멋진 삶을 살았잖아!" 이렇게 말이다. 짧지만 굵은 인생을 살 것인가, 아니면 얕지만 긴 인생을 살 것인가는 우리의 결정이다. 그러나 어느 인생이 더 가치 있는가는 쉽게 평가할 수 없다.

『행복에 걸려 비틀거리다』의 저자 대니얼 길버트는 말한다. "샴쌍둥이의 삶이 불행할 것이라고 대부분 생각한다. 그러나 당사자들은 정말로 행복하다고 생각하며, 수술받기를 거부한다." 누가 행복을 정의 내릴 것이며, 누가 자신이 더 행복하다고 혹은 덜 행복하다고 말할 것인가?

행복이 그러하듯 우리의 인생도 마찬가지다. 행복도 인생도 비교하지 말자. 다른 삶과 비교하지 않으면 우리의 삶은 더 풍족해지지 않을까? 영원히 정상에 머무를 수 있는 사람은 없다. 다른 사람보다 정상에 빨리 올라가면 그 기쁨을 먼저 누리면 되는 것이고, 다른 사람보다 정상에 늦게 도착하면 더 천천히 정상에서 내려올 수 있으니 좋은 것이다. 하나의 산 정상에 올라갔다면 또 다른 산에 오르면 된다. 내가 올라갈 수 있는 산은 세상에 무수히 많다. 그리고 존재할 필요가 없는 산이란 없다. 이처럼 무의미한 인생이란 없는 것이다.

당신은 지금 배가
고픈가요?

(배고픈 당신을 위하여)

아프리카의 초원, 얼룩말 한 마리를 암사자가 쫓고 있다. 얼룩말은 아직 눈치를 채지 못한 모양인지 총총걸음으로 가고 있다. 암사자는 서서히 간격을 좁히더니, 드디어 얼룩말을 향해 맹렬한 추격을 시작한다. 그제야 얼룩말도 놀란 눈을 한 채 재빨리 달아난다. 과연 어떻게 되었을까? 불행히도 몇 분 지나지 않아, 암사자는 얼룩말의 목덜미를 힘껏 움켜쥐었다. 불쌍한 얼룩말…… 그렇지만 이것이 생존의 법칙이다. 잡히느냐, 도망가느냐.

우리는 어렸을 때부터 〈동물의 왕국〉이라는 TV 프로그램을 통해 맹수가 초식동물을 사냥하는 장면을 자주 보아왔다. 언제나 사냥에 성공하

냉정한 생존의 법칙

는 것은 아니지만, 맹수의 사냥하는 장면과 잡아먹히는 초식동물의 모습
이 너무나 강렬한 나머지, 으레 사냥에 성공하는 맹수를 늘 기억하고 있
는 것 같다. 그렇다면 맹수의 사냥 성공률은 과연 얼마나 될까? 아프리
카 초원의 최강자인 사자의 경우, 사냥 성공률은 20% 정도라고 한다. 표
범이나 치타도 비슷하다. 10번 사냥하면 약 2번 정도만 사냥에 성공하는
것이다. 이는 초식동물에 비해 육식동물이 단거리 선수들이기 때문이다.
다시 말해, 약 500m 안에서 승부를 보지 못하면 사냥에 실패할 확률이
높아진다. 그러나 이를 반대로 생각해 보면 맹수는 500m 안에서 사력을
다해 전력질주를 하면 초식동물을 잡을 수 있다는 말이 된다. 치타는 시

속 115km, 얼룩말은 64km, 사자는 60km 정도를 달릴 수 있다. 참고로 인간 중에 가장 빠르다는 우사인 볼트(Usain Bolt)는 시속 32km 정도다. 즉, 치타나 사자가 마음만 먹는다면 얼룩말을 잡을 수 있다는 말이다. 최소한 20%의 사냥 성공률보다는 높아야 하지 않겠는가? 그렇다면 사자는 왜 얼룩말 사냥을 10번 중에 2번밖에 성공하지 못할까?

정답은 조금 엉뚱할 수 있다. 사자에게는 얼룩말이 한 끼의 식사이지만, 얼룩말은 생존의 문제이기 때문이다. 누가 더 집중해서 전력질주를 하겠는가? 그렇다. 생사가 달린 초식동물이다. 육식동물은 생각한다. '저 녀석, 왜 저리 빨라? 아~ 달리니까 피곤하네.' 그리고 나무 그늘에서 또 잔다. '다음에는 더 약한 녀석을 사냥해야겠어'라고 생각하면서.

혹 말이 안 된다고 생각하는 사람들을 위해 사진 하나를 준비했다. 이 사진 역시 암사자가 맹렬히 추격하는 리얼한 모습을 담고 있다. 사자의 얼굴을 보라. 매우 진지한 표정이지 않은가! 특히 사자의 시선을 주목할 필요가 있는데 사자가 주시하고 있는 곳에 매우 조그만 초식동물이 열심히 도망가고 있음을 확인할 수 있다. 과연 이 조그만 동물은 무엇일까? 그렇다. 토끼다. 토끼는 귀가 보이지 않을 만큼 정말 혼신을 다해 도망가고 있다. 왜 사자는 큰 초식동물을 두고 이런 작은 동물(잡아먹어도 배가 여전히 고플 것 같은)을 맹렬히 추격하고 있을까? 답은 간단하다. 사자의 배가 몹시 고프기 때문이다. 그러니 간에 기별도 가지 않을 토끼라도 사냥해야 한다. 토끼가 사냥하기에 만만할 것 같아서 사자가 사냥

어느 동물이 빠를까요?

하는 것은 절대 아니다. 왜냐하면 토끼는 시속 77km를 달릴 수 있다. 사자의 속도(시속 60km)보다 훨씬 빠르다. 얼룩말보다 빠르며, 가젤과 비슷한 속도로 달릴 수 있는 것이 토끼다. 고로 사자가 최선을 다해 사냥하지 않는다면 이 조그만 토끼도 놓칠 것이다. 경제학적 관점에서 본다면 이왕 달릴 거라면, 큰 초식동물을 사냥하는 것이 사자의 입장에서 유리하다(최소한 토끼보다는 얼룩말이 더 느리며, 식사량도 많다). 그러나 사자는 배고픔이라는 간절함으로 인해 이성보다 감성(눈에 들어온 저 토끼를 잡아먹어야겠다는 본능)을 따르고 있는 것이다.

결국 간절함의 싸움이다. 누가 더 간절함을 가지고 있는지, 절박한지에 따라 우리의 행동은 달라진다. 노력하는 자보다 즐기는 자가 낫다고 했지만, 즐기는 자도 절박한 자를 당할 수가 없다. 스티브 잡스의 유명한 격언 중에 "Stay Hungry, Stay Foolish"가 있다. 우리말로 번역하면, "늘 갈망하라, 우직하게"라고 표현할 수 있다. 누구나 배가 고프다. 그리고 자주 배가 고플 수도 있다. 그러나 바보스러울 만큼 늘 우직하게 갈망하기란 말처럼 쉽지 않다. 만약 이 글을 읽고 있는 여러분이 청춘이라면, 아니 꿈을 가지고 있는 누군가라면 그 소중한 꿈들이 꼭 이루어지기를 기원한다. 한 노숙자가 적어놓은 글귀가 기억난다. "여러분은 배가 고파본 적이 있나요?"

여러분의 꿈은 지금 배가 고픈가요?

성공하십시오. 여러분!

epilogue

왜 사람들은 어처구니없는 실수를 저지르는가?

수많은 학생들과 상담하고 이야기를 해보면, 성적이 좋은 학생일수록 본인 스스로 분석적이고 합리적인 의사결정을 내리며, 자신의 판단이 옳다는 생각을 하고 있다. 또한 첫 수업 때 본인이 A 이상의 학점을 받을 것이라고 생각하는 비율이 평균 70%로 조사된다. A학점의 경우, 30% 이상이 부여될 수 없다는 규정을 잘 알고 있지만, 40%의 학생들은 자기가 B를 받는다는 생각은 하지 않는다. 이러한 현상은 소위 사회적으로 인정받고 있는 전문가 그룹에서 더욱 뚜렷이 나타난다. 예를 들어 교수는 본인의 수업이 평균 이상이라고 생각하는 비율이 90% 이상이다(물론 필자 자신도 마찬가지다). 다시 말해 10명의 교수 중 1명만 본인의 수업이 부족하다고 생각한다. 부정적 사고보다 긍정적 사고를 가지는 것이 인생에서 성공할 수 있다고 우리는 믿어왔다. 그러나 긍정적 사고와 확신은 분명히 다르다. 긍정적 사고가 확신으로 넘어가는 순간 우리는 때로 사기를 당하며, 어이없는 실수를 저지른다. 왜 합리적인 인간들은 어이없는 실수를 하며, 잘 알면서도 사기를 당할까? 우리가 당연하다고 믿어왔던 것들이 정말 사실일까? 이러한 질문에 대해 끊임없는 의문점과 엉뚱한 상상력이 동원되었다. 그리고 이를 행동경제학을 통해 풀어보고자 하였다. 대학생과 일반인들이 행동경제학을 쉽게 이해할 수 있도록 노력하였지만, 여전히 정리되지 못한 엉뚱한 생각들이 남아 있다. 숙제로 남겨둔 필자의 게으름을 비판해 주었으면 한다. 행동경제학을 앉아서 2~3시간 내로 재미있게 읽을 수 있는 분량이 본서의 목적이자 핑계다.

IT를 전공한 학자, 즉 필자가 행동경제학에 관심을 가지게 된 이유는 박사학위를 준비하기 위해 접한 복잡계(complex systems) 이론이 그 시작이었다. 무한한 경쟁시장에서 소수의 시장 지배자가 아닌 모든 시장 참여자가 어떻게 만족할 수 있을까? 그리고 이것을 어떻게 에이전트 협상(agent negotiation)으로 개발할 수 있을까를 고민하였다. 인간이 아닌 프로그램 코드가 이러한 목적을 달성하기 위해서는 어떻게 해야 할까? 무수한 날들의 고민이 시작되었다. 결국 해결방법은 시장 참여자 간(에이전트)의 합리적 협력이었다. 일명 'Tit-for-Tat' 전략의 교훈이다. '눈에는 눈, 이에는 이'라는 단순한 전략이다. 상대방이 베풀면 나도 따라 베풀고, 상대방이 보복하면 나도 보복한다. 미시건대학교의 정치학자인 로버트 액설로드(Robert Axelrod)가 서로 다른 개인 또는 단체들이 어떻게 협력관계를 형성하는지를 연구하기 위해 전 세계 게임이론가와 과학자들을 대상으로 토너먼트를 벌였다. 이 토너먼트에서 수학 심리학자인 아나톨 래퍼포트(Anatol Rapoport)가 제출하여 가장 탁월한 성적을 거둔 게임 전략이 'Tit-for-Tat'이다. 가장 큰 이득을 누린 시장 참여자가 우선 양보를 제안하고 이에 응하는 다른 시장 참여자에게 보상을 한다. 보상을 받은 참여자는 또 다른 참여자에게 자기가 받은 이득을 가지고 양보를 제안한다. 이런 식으로 모든 시장 참여자가 서로의 이득을 분배하면 결국 시장 전체의 이득은 더욱 커지게 되고, 이는 다시 모든 시장 참여자에게 분배되도록 에이전트 협상이 개발되었다.

2년간의 고민으로 얻어진 이 단순한 진리를 학생들에게도 가르치고 싶었다. 그러나 학생들은 사실 이런 복잡한 원리와 알고리즘을 원하지 않는다. 그리고 프로그램도 싫어한다. 다시 시작된 2년간의 고민과 관련 문헌들을 조사하면서 '그래, 바로 이거다'를 외칠 수 있었다. 바로 행동경제학에서 답을 찾은 것이다. 행동경제학을 공부하면서 프로그램 코드가 아닌 세상이라는 큰 틀에서 인생의 전략들을 다시 한 번 생각해 보는 계기가 되었다. 늘 도전적인 학생들과 사회의 여러 가지 문제들을 함께 고민하면서 오히려 내가 성장하고 있음을 느낀다. 이번 책은 학생들과 나눈 수많은 논의와 협력을 통해 조금씩 성장하고 있는 신진학자의 성장기록인지도 모르겠다.

감사의 글

이 글에 영감을 준 수많은 행동경제학자들에게 존경을 전한다. 그리고 집필이라는 용기를 준 나의 감성에 감사한다. 이러한 용기는 나의 사랑하는 GLE 제자들이 주었다. 그들과 함께하였고 지금도 함께할 수 있음에 늘 감사드린다. 본서가 절대 베스트셀러가 될 수 없음을 이성적으로 일깨워주었지만, 그래도 출판에 수고를 아끼지 않은 한국학술정보㈜ 출판사에 진심으로 감사드린다. 지금까지 지적 호기심을 길러주신 김현수 교수님과 고마운 은사님께 감사드린다. 또한 앞으로 지적 동행을 함께할 소중한 분들이 있다는 사실은 나에게 크나큰 행운이다. 일일이 이름을 거론할 수는 없지만, 앞으로 이분들과 함께할 멋진 협력에 벌써부터 가슴이 설렌다.

더불어 자식에게는 이성적 판단이 무모하다는 것을 일깨워준 사랑하는 민서와 빈, 그리고 첫 만남에 반해 여전히 후광효과를 누리고 있는 나의 동반자, 아내 승미에게 감사함과 사랑을 전한다. 마지막으로 나의 이 모든 것을 가능하게 만들어주신 부모님께 진심으로 존경과 사랑을 전하고 싶다.

참고문헌

무엇이 당신을 행동하게 하는가?

#1. 애플은 시장조사 따위는 하지 않는다

_ 얀 칩체이스, 『관찰의 힘』, 위너스북, 2013.

10년 넘게 세상을 돌아다닌 컨설팅 회사 프로그 디자인의 최고 크리에이티브 디렉터의 생생한 경험을 담아냈다. 지역연구가 실제 상품과 제품에 어떻게 반영되는지를 알 수 있는 책이다.

_ 칩 히스·댄 히스, 『스위치(Switch)』, 웅진지식하우스, 2010.

손쉽게 극적인 변화를 이끌어내는 행동설계의 사례들을 접할 수 있다. 코끼리를 움직이기 위한 밝은 점 찾기와 동기부여는 매우 매력적이다.

#2. 매뉴얼이 아닌 선택권을 주라

_ 신시아 몽고메리, 『당신은 전략가입니까?』, 리더스북, 2012.

하버드경영대학원의 전설적 전략강의를 담아낸 책이다. '당신의 기업은 중요한가?'로 시작되는 그녀의 일침이 의미심장하다.

_ 칩 히스·댄 히스, 『자신 있게 결정하라(Decisive)』, 웅진지식하우스, 2013.

히스 형제의 세 번째 책으로 불확실함에 맞서는 생각의 프로세스를 담고 있다. 선택안 확대-검증-심리적 거리 두기-실패의 비용 준비라는 프로세스를 제안하고 있다.

#3. 겉만 번지르르한 최저가격보상제

_ http://econoblog.tistory.com/6 (최저가격보상제 소비자에게 진정 이득인가?)

_ http://blog.naver.com/PostView.nhn?blogId=deuxman1981&log No=120047546522 (대형마트의 최저가격보상제, 그 실효성은?)

_ 최저가격보상제에 대한 비판의 글은 인터넷에서 많이 찾아볼 수 있다. 내용의 요지는 결국 가격담합으로 볼 수 있다는 의견이다.

#4. 무임승차를 하지 맙시다

_ 엘리너 오스트롬, 『Governing the Commons』, 랜덤하우스, 2010. 노벨경제학상을 수상한 그녀의 평생 연구결과를 담은 책으로 방대한 사례와 뛰어난 연구의 결과물이다.

_ 1968년 개릿 하딘은 과학잡지 『사이언스』지에서 '공유지의 비극(tragedy of the commons)'이라는 개념을 처음으로 제시하였다.

#5. 싸다고 무조건 좋은 것은 아니다?

_ George A. Akerlof, 『The Market for 'Lemons': Quality Uncertainty and the Market Mechanism』(레몬을 위한 시장: 불확실성의 본질과 시장 메커니즘), Quarterly Journal of Economics, no 3, 1970, pp.488-500.

#6. 당장 사세요, 기회는 지금뿐이에요!

_ 로버드 치알디니, 『설득의 심리학』, 21세기북스, 2002.

1996년도에 처음 소개된 이후 지금까지 가장 많이 사랑받고 읽혀진 심리학 책 중 하나다. 설득 심리학으로 초대하고 있는 저자는 책의 모든 내용을 흥미롭게 서술하였으며 전 세계 26개 언어로 번역된 베스트셀러.

_ EBS 미디어, 『자본주의』, 가나출판사, 2013.

이미 방송을 통해 유명해진 〈다큐 프라임〉을 책으로 출판한 것이다. 정지은 담당 PD의 집념이 놀라우며, 자본주의의 비밀을 알기 쉽게 파헤쳤다.

#7. 오! 뷰티풀 마인드

_ 영화 〈뷰티풀 마인드〉.

2002년에 개봉한 론 하워드 감독, 러셀 크로우 주연의 영화로 아카데미 작품상, 감독상, 여우조연상, 골든 글로브 각본상 등을 수상하였다. 존 내쉬의 박사학위 이론인 내쉬 균형을 매우 흥미롭게 재구성하였다.

#8. 도와줘요! 슈퍼히어로

_ 마이클 샌델, 『정의란 무엇인가』, 김영사, 2010.

_ 애비너시 딕시트 · 배리 네일버프, 『Art of Strategy (전략의 탄생)』, 쌤앤파커스, 2008.

#9. 왜 인간은 권위 앞에 복종하는가?

_ 말콤 글래드웰, 『아웃라이어』, 김영사, 2009.

상상력 넘치는 뛰어난 경영저술가인 그는 성공과 신화를 뒤집는 깊이 있는 통찰을 보여주었다. 1만 시간의 법칙을 이론적으로 제안한 그의 이야기는 언제나 흥미롭다.

_ 스탠리 밀그램은 1963년 「복종에 관한 행동의 연구」라는 논문으로 자신의 '복종 실험' 결과를 발표한다. 본 실험은 그를 역사의 한 페이지에 남게 했지만 비윤리적 실험을 진행했다는 이유로 대학에서 교수직을 잃고 만다.

#10. 수천억 재산가의 달콤한 제안

_ 황농문, 『몰입』, 랜덤하우스, 2007.

몰입에 대한 책이지만 곳곳에서 펼쳐지는 저자의 철학이 더욱 끌린다.

#11. 공정성 vs. 경제민주화

_ 오리 브래프먼 · 롬 브래프먼, 『스웨이(Sway)』, 리더스북, 2008.

잠재적 손실과 손실기피의 상관관계를 엿볼 수 있으며 폭주기관차처럼 내달리는 20달러 경매의 동력을 볼 수 있다.

_ An experimental analysis of ultimatum bargaining, Guth, Werner & Schmittberger, Rolf & Schwarze, Bernd. 1982.

최후통첩 게임을 소개한 책이다.

_ 세계적 PR회사인 에델만에서 발표한 2012년도 신뢰도 지표조사(Edel-
man Trust Barometer) 결과를 참조하길 바란다.

_ 존 리스트의 실험(2007) "Does Market Experience Eliminate Market
Anomalies?", 존 리스트의 파격적인 실험에 대해서는 스티븐 레빗, 스티
븐 더브너가 쓴 『슈퍼 괴짜 경제학』(웅진 지식하우스, 2009)을 통해 알게
되었다. 스티븐과 리스트는 참 신선하고 독창적인 연구자다. 존 리스트의
최근의 책, 『무엇이 행동하게 하는가』도 일독을 권한다. 인센티브에 대한
역발상과 그의 실험이 흥미롭다.

#12. 선거인가, 로또 추첨인가?

_ 자넬 발로 · 클라우스 뮐러, 『불평하는 고객이 좋은 기업을 만든다』, 세종
서적, 2012.

_ M. Koppel and I. Shtrimberg(2004), "Good News or Bad News? Let the
Market Decide", in AAAI Spring Symposium on Exploring Attitude and
Affect in Text, Palo Alto CA, pp.86-88.

#13. 똑똑한 당근, 클린 법안 게임

_ 이언 에어즈, 『당근과 채찍』, 리더스북, 2010.
경제학자이자 변호사이며, 법대 경영대학 교수인 저자는 마법 같은 힘을
가진 약속실천계약이라는 흥미로운 제안을 한다. 본서에서 제안한 약속
실천계약은 매년 수업시간에 학생들과 실천하고 있다.

#14. 멀리 가려면 함께 가라

_ 칼 팔레머, 『내가 알고 있는 걸 당신도 알게 된다면』, 토네이도, 2012.
본서는 코넬대학교의 인류 유산 프로젝트로 30년간 진행된 실험의 결과
물이다. 2006년부터 무려 1,000명이 넘는 현자(70세 이상의 사람들 중)
를 대상으로 그들의 인생 스토리를 역추적하였다. 행복이라는 키워드를
그들의 삶과 지혜를 통해 풀어나간다. 행복한 부부생활, 직업을 찾는 법,
건강한 아이를 키우는 법 등 현대인들이 한 번쯤 고민했을 이야기들을
풀어나가고 있다.
_ 트와일라 타프, 『여럿이 한 호흡』, 21세기북스, 2011.
컬럼비아대학교의 마이클 모부신 교수는 독일과 오스트리아의 장기기증
문제를 디폴트(default)의 힘으로 분석하였다. 『왜 똑똑한 사람이 어리석
은 결정을 내릴까?』(청림출판, 2010)에서 찾아볼 수 있다.

왜 당신은 흔들리는가?

#1. 코끼리 움직이기

_ 마틴 린드스트롬, 『누가 내 지갑을 조종하는가』, 웅진지식하우스, 2012.
_ 조너선 하이트의 행복가설은 『명품을 코에 감은 코끼리』(물푸레, 2010)
에서 볼 수 있다. 행복과 관련하여 조지 베일런트의 『행복의 조건』(프런
티어, 2010)과 탈 벤 샤하르의 『완벽의 추구』(위즈덤하우스, 2010)도 참

고하기를 바란다.

#2. 살, 빼고 싶은가?!

_ 니컬러스 크리스태키스, 『행복은 전염된다』, 김영사, 2010.
의학과 심리학, 그리고 과학을 통해 3단계 인간관계 법칙을 풀어낸 책이
다. 30년간 1만 2,000여 명을 연구 추적하여 행복, 건강, 정서, 정치, 종교,
문화, 성적 취향 등이 어떻게 확산되는지를 파헤쳤다.

_ 브라이언 완싱크, 『나는 왜 과식하는가?』, 황금가지, 2008.

#3. 자신이 보는 나, 타인이 보는 나

_ 솔로몬 애시(Soloman Asch)는 1951년에 발표한 동조화 실험에서 선 길
이가 분명 다름에도 불구하고 주위의 동조에 의해 어쩔 수 없이 잘못된
답을 따라가는 모순을 보여준다. 솔로몬 애시는 심리학에 지대한 영향을
미친 학자 중 한 사람이다. "Groups, Leadership, and Men", Pittsburgh,
Carnegie Press에 발표되었다.

#4. 면접으로 사람의 능력을 파악할 수 없다?

_ 스튜어드 서덜랜드, 『비합리성의 심리학』, 교양인, 2008.

_ David G. Myers, "Intuition: Its Power and Perils", New Haven, Yale Uni-
versity Press에는 면접에 대한 착각을 설명하고 있다.

_ Sheena Iyengar, Mark Lepper, "When Choice is Demotivating: Can One

Desire too much of a Good thing?", Journal of Personality and Social
Psychology 79, 2000.
_ Steven Levy, "In the Plex: How Google Thinks, Works and Shapes Our
Lives"(구글은 어떻게 생각하고, 일하며, 우리의 삶에 영향을 미치나),
Brilliance Audio on CD Unabridged, 2012.

#5. 자신 있게 포기하라

_ http://www.youtube.com/watch?v=wp4nnFViuv4(CBS사에서 반영된
〈서바이버〉 영상)

#6. 아는 것이 병이다?

_ 지식의 저주와 관련해서는 칩 히스, 댄 히스 형제의 『스틱』(엘도라도,
2007)이라는 책을 통해서도 알 수 있다. 본서는 지식의 저주에서 벗어나
머리에 찰싹 달라붙는 스티커 메시지를 만드는 방법을 명쾌하게 알려준다.
_ 지식의 저주 실험과 관련해서 아래의 사이트를 참고하면 더욱 쉽게 이해
할 수 있을 것이다. 본 영상을 보면서 여러분도 어떤 노래인지를 한번 맞
춰보기를 바란다.
  http://tvpot.daum.net/v/v74KKQjMbXs$

#7. 여기에 집중해 주세요!

_ 크리스토퍼 차브리스 · 대니얼 사이먼스, 『보이지 않는 고릴라』, 김영사,

2010.

저자는 보이지 않는 고릴라 실험으로 전 세계적으로 유명해졌으며 각종 상을 수상한 심리학자다. 일상의 착각들이 얼마나 무서운지를 보여준다.

_ 토머스 길로비치, 『인간 그 속기 쉬운 동물』, 모멘토, 2008.

#8. 계단은 어디 있나요?

_ http://realestate.daum.net/news/detail/all/MD20110331143407713. daum?page=1 (포스코 계단 캠페인)

_ http://mindeulre25.tistory.com/373 (폭스바겐의 재미있는 계단)

_ http://yakultblog.com/36 (기부하는 건강계단)

_ http://health.chosun.com/site/data/html_dir/2008/04/22/2008042200725. html (식후 계단 오르기 다이어트 효과, 남녀가 다르다)

_ http://www.cctoday.co.kr/news/articleView.html?idxno=668081 ([에너지 캠페인] 3층 이하는 계단 이용을)

#9. 내겐 너무 가벼운 그녀

_ Mark Snyder(1977)의 피그말리온 효과에 대한 실험은 "Social perception and interpersonal behavior: On the self-fulfilling nature of social stereotypes", Snyder, Mark; Tanke, Elizabeth D.; Berscheid, Ellen, Journal of Personality and Social Psychology, Vol 35(9)에서 볼 수 있다.

#10. 가위바위보 게임 전략

_ http://puwazaza.com/166(가위바위보 필승전략을 소개한 블로그)

#11. 다음 중 어느 게임에 참가하시겠습니까?

_ 대니얼 길버트, 『행복에 걸려 비틀거리다』, 김영사, 2006.

행복에 대한 심리학적 고찰과 뛰어난 식견을 만날 수 있다.

_ 대니얼 카너먼, 『생각에 관한 생각』, 김영사, 2012.

행동경제학의 창시자인 대니얼 카너먼의 첫 대중교양서로 행동경제학에

대한 방대한 자료를 접할 수 있다.

#12. 당신은 지금 배가 고픈가요?

_ 어느 동물이 빠른지 궁금하다면 아래의 사이트를 참고하기를 바란다.

http://buffalotradingroom.co.kr/40166360582

http://petianbooks.blog.me/10099291775